如何培育卓越教师

给学校管理者的行动清单

[美] 内拉 · A. 康纳斯 Neila A. Connors 著

IF YOU DON'T FEED THE TEACHERS THEY EAT THE STUDENTS!

Guide to Success for Administrators and Teachers

中国青年出版社
CHINA YOUTH PRESS

图书在版编目（CIP）数据

如何培育卓越教师：给学校管理者的行动清单 /（美）内拉·A. 康纳斯著；郑露荣译.
—北京：中国青年出版社，2022.5
书名原文：If You Don't Feed the Teachers They Eat the Students!: Guide to Success for Administrators and Teachers
ISBN 978-7-5153-5703-4
Ⅰ.①如… Ⅱ.①内… ②郑… Ⅲ.①师资培养—研究 Ⅳ.①G451.2
中国版本图书馆CIP数据核字（2022）第045218号

如何培育卓越教师：给学校管理者的行动清单

作　　者：〔美〕内拉·A. 康纳斯
译　　者：郑露荣
责任编辑：肖　佳
文字编辑：岳明园
美术编辑：杜雨萃
出　　版：中国青年出版社
发　　行：北京中青文文化传媒有限公司
电　　话：010-65511270/65516873
公司网址：www.cyb.com.cn
购书网址：zqwts.tmall.com
印　　刷：大厂回族自治县益利印刷有限公司
版　　次：2022年5月第1版
印　　次：2022年5月第1次印刷
开　　本：787 × 1092　　1/16
字　　数：101千字
印　　张：9
京权图字：01-2020-6243
书　　号：ISBN 978-7-5153-5703-4
定　　价：39.00元

有些人的食物总是比别人的好吃，即使他们做的是同一道菜……

因为这个人比其他人更有激情，更有活力，更有勇气。

——罗莎·刘易斯，英国酒店经营者

致谢

本书献给盖伊·班尼特。他是一个了不起的人，也是一位优秀的学校管理者。

我第一次见到盖伊是在1983年，当时我在他位于佛罗里达州威尼斯的学校实习。为了准备我的毕业论文，我开始对他的教育咨询项目进行研究。一踏进他的学校，我立刻被那里友好、温暖且亲切的氛围所吸引。在观察了一天之后，我向盖伊询问营造友好而亲切的氛围的秘诀是什么。盖伊回答说："我有两个信念。第一个是，要想成功，你必须得像是一位啦啦队长。要站在一旁，为教师加油鼓劲——并感谢他们的努力、他们无私奉献的善意和甘冒风险的精神。你不能因为几个人的失误而惩罚整个团队。"

他接着说："第二个是，如果你不'喂养'（培育）教师，他们将'吃'了学生。我会不遗余力地确保那些尽职的教师——那些在教育一线直接接触孩子们、并完成教育使命的教师——得到应得的奖励、支持和喝彩。"从那一天开始，我开始逐步认识到优秀的学校管理者所具有的特征，并注意到他们的"盖伊主义"。于是，这本书诞生了。

正如跟随盖伊16年的校长助理奥洛·L. 戴所说，"盖伊·班尼特是最优秀的校长之一，他可以将性格和背景各异的教师融入他口中的'大家庭'，在这个家庭中每个人都善于利用与生俱来的才华，为帮助学生的智力和个人成长做着贡献"。我深深地怀念着盖伊，他的教育管理思想是他留给我们的宝贵遗产，希望在接下来的篇幅中，我将对此进行系统的阐述，以作为对他的纪念。

敬你，盖伊。走好。

Contents 目录

Chapter 1

第一章

请，这是菜单——本书简介

> 最好的教师永远不会忘记做学生是什么感觉。
>
> 最好的学校管理者永远不会忘记当教师是什么感觉。
>
> ——内拉 · A. 康纳斯

首先要澄清一点——这本书不是一本研究著作，不以调查研究为基础，不关注调查的结果，也不是由理论推演的。书中的内容全部基于我个人的观察、讨论、个人实践与学习经历与和一些“常识”。就像弗兰克 · 辛纳屈（Frank Sinatra）唱的那样，“我走自己的路”（I did it MY WAY）。

因此，如果你是左脑思维者——喜欢利用统计数据、微观管理策略或深入的研究来验证一切的人，那这本书并不适合你。另一方面，如果你想寻找成为一位优秀学校管理者的基本、实用的方法，并希望自始至终都能感受到“乐趣”，那这本书值得你一读。希望你喜欢这次“就餐体验”。祝你用餐愉快！

我为什么要写这本书

教育是一项严肃的事业，需要每一位想要努力为学生带来积极改变的教育工作者贡献自己的力量，需要每一位教育工作者具备无私的奉献精神，竭尽全力履行职责。在这个时期成为一位教育工作者并不容易。为什么？

显然，教育工作者被期待可以处理孩子们从家里带到学习环境中的所有问题和负担。每天走进学校大门的孩子，要么是刚刚离开一个健康、快乐的家庭（在那里成年人能够真正认识到良好教育和培养自主孩子的重要性），要么是刚刚离开一个充满空口承诺和空冰箱的空房子。每天，形形色色的人来到学校，都期望自己能够是安全的、不挨饿的，在实现梦想的过程中是能够得到他人帮助的。正如埃莉诺·罗斯福（Eleanor Roosevelt）所说，“未来属于那些相信自己梦想之美的人”。

教育工作者可以决定孩子们一天的好坏，并最终对他们的未来产生影响。教师的力量将持续存在——无论这种力量是积极的还是消极的。教育事业也是如此。我们必须继续共同努力，认识到我们确实能够触动未来——因为我们在育人。一旦教室的门关上，教室里只剩下教师和学生，教师就开始发挥自己的力量影响学生。因此，为了确保教师对所有学生都能施以积极的影响，我们必须创造专业、安全、有保障和充满鼓励的环境，让每位教师都感到被赞赏、倾听和尊重。而学校管理者正是决定一所学校的士气和氛围的关键因素。

所以，我为什么要写这本书呢？作为一个在学校待过很长时间、与管理人员和教师都共事过的人，我觉得有必要进行一下反思。根据我的亲身经历，我可以无可辩驳地说，只有在成功的学校管理者的领导下，学校才有可能成功。尽管这可能看起来很简单，但只有当一位有远见的优秀学校管理者担任“主厨”时，学校才会高效运作并持续生存下去。很多时候，当平庸的学校管理者取代了才华横溢的学校管理者时，一所著名学校就会开始走向灭亡，因为学校管理者的胸中没有激情，学校也就没有了继续前进的热情。

成功的学校管理者会不断地“喂养”他们的教师，以确保学生不会被“吃掉”。这意味着，优秀的学校管理者会专注于提供一种氛围——鼓励教师敢于冒险，当好学生的领航人，指引学生走上成功之路。优秀的学校管理者善于询问、引导、授权、沟通、鼓励，并敢于尝试，勇于冒险。他们会非常清楚地表明学校里的所有人都很重要，他们会不惜一切代价为教师勤奋努力所取得的成就表示感谢。

我见过不少优秀的教师，他们给我留下了深刻的印象。他们“背负着巨大压力”，可他们的努力却很少得到认可或赞赏。这些有时被迫专注于应试课程，而无法教授以技能/过程为基础的课程的学生“领航者”，他们才是真正的英雄。因此，在本书中，我想分享一些学校管理者可以用来赞美和支持这些伟大教师的方法。我十分同意我的朋友兼导师吉姆·加尔文（Jim Garvin）的观点，他说：“教师是宇宙中的金领工人。”如果这里分享的内容能帮助一位学校管理员变得更积极、更以教师为本，我就很知足了。同时，让我们为所有那些已经有效“喂养”教师的学校管理者干杯。你们是成功学校的奠基者，而成功学校是我们这个社会的基石。

谁需要读这本书

首先，这本书适合任何人，只要他认同教学是有史以来最重要的职业。那些已经意识到教学并不容易，以及教师需要持续的欣赏行为的人，更应该读一读本书。只要我们能提供积极的经验来提升教师教学水平并发挥他们的能动性，我们就离胜利不远了。这本书适用于所有年级、所有性别、所有类型的学校管理者。最重要的是，它适合任何想要给教育带来积极影响的人。

其次，如果读者是有能力将本书的建议付诸实践的学校管理者，那就最好不过了。显然，一个人越渴望成功，他就越有可能反思、分析和判断如何改进。那么，什么样的人才是我们说的那种人呢？

这种类型的人具有以下决定性特征。

1. 拥有关心和关怀他人的能力。任何人在想有所作为之前，首先学会关心他人。最好的学校是建立在这样一个前提之上的：人们只有知道你有多在乎他们，才会在乎你知道的有多少。学校管理者在定义、培养和营造充满关怀的氛围方面起着重要作用。任何人从走进学校大门的那一刻起，都应该能够处处感受到来自学校的关心。学校中的人、活动和外观构成了学校的“关怀”。优秀的学校管理者在这方面充当着关怀“警察”的角色。

2. 拥有对成功的渴望。成功被定义为“有利的结果或成果”。优秀的学校管理者会坚持不懈地寻找取得有利结果的方法。一个成功会带来另一个成功。因此，当学校管理者专注于取得令人满意的成果时，结果往往会让所有人都满意。优秀的学校管理者总是说到做到，对任何事都力求成功。

3. 拥有管理压力的能力。只有一种人没有压力，那就是已经去世的人。压力是人生命的一部分，一个人管理压力的方式决定了他一生的成败。成功的学校管理者会对压力做出响应，而不是反应。他们在与他人相处时，有着许多能缓解压力的方法。第六章将更详细地讨论如何管理压力。

4. 身心健康。健康的人是快乐的人。任何身在管理岗位上的人都必须认识到健康的重要性。我们的健康就像睡眠——我们只有被剥夺了睡眠，才会想念睡眠。优秀的学校管理者能够认识到珍视思想、身体和精神健康的重要性。

5. 拥有逻辑思维能力。“三思而后行”是每一位学校管理者都应该好好体会的最佳建议之一。在做任何决定之前，优秀的学校管理者都会花时间仔细考虑——考虑这会对其他人产生怎样的影响。花时间进行反思对于每一位成功的学校管理者都至关重要。

6. 拥有享受快乐的能力。今天，任何肩负起“教育领导者”这一使命的人都一定要学会享受快乐，否则最终会很悲惨。教育是一项艰苦的工作，需要全力以赴、殚精竭虑。因此，优秀的学校管理者一定要非常有幽默感，能够笑对每一天。在我看来，没有欢笑的一天是没有活力的一天。最好的学校是大人和学生玩得开心并享受快乐的地方。

有了这些决定性特征的武装，优秀的学校管理者的力量才能更好地发挥。也许你就是这样优秀的学校管理者，或者你认识的某个人可以从前面的几页内容中受益。我的目标是赞扬那些已经在“喂养”教师的人，帮助那些需要“被喂养”的人，并为那些尚未“喂养”教师的人提供一套对辛勤工作的教师表示感谢的有用技巧。

从哪里入手呢？这是开胃菜，请！

成功的学校管理者往往很善于反思。因此，我鼓励所有学校管理者先做一个个人自我评估，以了解自己的个人强项和弱项。按顺序回答以下十个问题。在问卷顶部标明你的开始时间，在结尾处标明结束时间。在回答完一个问题之前，不要看下一个问题。

开始时间____________________

1.你最重要的职业目标是什么?

____

____

2.列出你的五个积极品质。

a.____

b.____

c.____

d.____

e.____

3.你下一次计划什么时候和你生命中重要的人一起度过?计划做些什么?

____

____

4.你最近承担过什么职业风险(包括日期)?

____

____

5.这周你计划做什么具体的个人活动(“我的时间”)?

____

____

6.你多久反思一次?用什么方式反思(思考、写日记等)?

____

____

7.你一直在逃避的事情是什么？（以书面形式）承诺完成这一活动的时间和日期。

____

____

8.以1—10分(10分为最高分/满分)对以下各项进行评分。

你的身体______________

你的智力______________

你的社交______________

你的职业______________

你的情感______________

你的精神______________

你的平均分是多少？______________

9.写下3—5个你需要设定的目标，以提高你的平均成绩：

a.______________________________

b.______________________________

c.______________________________

d.______________________________

e.______________________________

10.列出你作为领导者拥有的10大强项。

a.______________________________

b.______________________________

c.______________________________

d.____________________

e.____________________

f.____________________

g.____________________

h.____________________

i.____________________

j.____________________

完成这句话，“当__________时，我对自己感觉最满意。”

结束时间__________

在回顾答案时，问问自己下列问题。

- 哪些问题最难回答？

____

____

- 回答这10个问题花了多长时间？

____

____

- 哪些方面需要改进，我应该如何改进？

____

____

- 从我的回答来看，我个人使命宣言的依据是什么（我是一个怎样的人）？

____

____

接下来的章节会逐一阐述这10个问题。花时间进行自我评估是很有必要的，这样你才能开始制定个人使命宣言。伟大的学校管理者不仅要具有出色的人际交往能力，还要有自我反省的能力。接下来的许多章节将涉及深入的思考和反省，希望其中的一些技巧和策略可以有助于你的个人发展。我们现在就开始吧。

> **无论发生什么，都要坚持自己的立场——这是一种领导才能。**
>
> ——**莫罕达斯·甘地**（Mohandas K. Ghandi）

Chapter 2

第二章

您是我们的贵宾——为什么要“喂养”教师

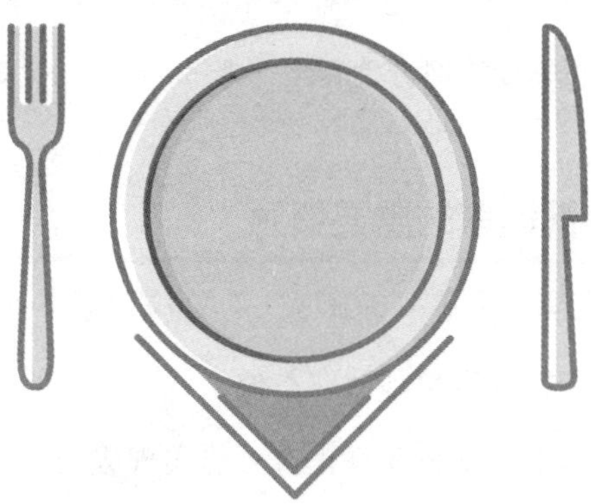

> **所谓的领导力就是让你所信仰的事情成为现实的能力。**
>
> ——罗兰·巴特（Roland Barth）

几年前，我参加了一个在全国范围内寻找和跟踪卓越教师的项目。我的主要目标是确定卓越教师的共同特征。

该项目最令人满足的部分是我可以与这么多卓越的教育工作者见面和合作，最困难的部分是缩小特征范围。然而，在每次讨论中都有一个明显的共同点，那就是学校管理者的重要性。当教师们被问到“是什么让你如此卓越”，他们会毫不迟疑地表示，有一位鼓励和支持他们、信任他们的专业精神，让他们感受到自己是一个重要团队的重要成员的学校管理者。这些卓越教师的证词再次验证了学校管理者的关键作用。

如果让100名教师给优秀的学校管理者下定义，我们可能会得到100种有共同点的不同定义。然而，在我看来，优秀的学校管理者的主要特征是能让别人想要追随。有能力创造一种培养和识别人才（并最终善用这些独特的人才）的文化的学校管理者是不断“喂养”教师的学校管理者。

教师是优秀学校管理者的重要资源

因此，“为什么要‘喂养’教师呢？”这应该是一个很容易回答的问题。如果学校管理者把尊重教师放在首位，认可教师的可贵贡献，意识到教师是他们最好的盟友，学校才真正有可能实现成功。这里的回报是无限的！教师是学校非凡的资源，优秀的学校管理者应该承认教师是学校成功不可或缺的重要资源。

优秀的学校管理者会在以下方面将教师当作学校成功的重要资源。

1. 将教师作为解决方案的发现者。最优秀的思考者会花5%的时间讨论问题，95%的时间找出解决方案。只要给以机会，教师就可能是最杰出的“跳出框框”的思考者。很多时候，一旦遇到挑战，优秀的学校管理者会立即召集教师讨论，教师们总能找出一些解决方案。虽然他们提出的建议有时并不可行，但却总是很有创意。

2. 通过教师获得反馈。没有哪位学校管理者能单凭一已之力就知道学校内发生的一切。因此，必须建立一个信息系统，这个信息系统以教师为信息来源，让管理者随时能了解最新信息、情况和知识，使其对学校内的一切都做到心中有数。当教师在学校中能受到充满信任、尊重和专业的对待时，他们会非常愿意指出管理者的缺漏，告知管理者哪些方面的管理是无效的。教师是新实践、新政策和新策略的实际检验者。

在成长道路上积极进取、不断成长的管理者通常会（借助每周跟进表或面对面谈话）向教师提出以下问题。

- 你这周过得怎么样？
- 这周你有哪些成就？
- 本周有没有什么需要管理团队协助你解决的问题？
- 你对学校的整体运作有何担忧？
- 对于我们学校工作的改进，你有什么建议？
- 你对管理团队如何改善人际关系，努力实现我们的使命有什么建议？

• 目前你有什么未得到满足的需求吗（专业、管理、团队等方面的），需要我们为你提供怎样的帮助？

当管理者花时间征求反馈和意见时，教师们会感到受重视，会觉得自己的贡献是有意义的。然而，最好的管理者从不就他们打算忽略的问题向教师征集信息，也从不要求别人评价他们已经做出的决定。当教师意识到你不是真诚地向他们征求意见或他们的意见不会被认真对待时，他们会觉得自己并不受重视。持续的、积极的、以培养学生为中心的建议是成功“喂养”教师的基础。

3. 依靠教师传播好消息。在教育中，我们可以成为自己最好的朋友，也可以成为自己最坏的敌人。这取决于我们如何与社区中的其他人沟通。优秀的学校管理者在与社区团体和组织会面时会向优秀教师寻求帮助。教师作为学校成功的一种重要资源，在解释教学计划、新政策或向家长和社区成员提供最新信息方面可以起到宝贵的作用。当教师处于一个积极的环境中，受到专业的对待时，他们更乐意将学校的成功传播出去。

一位富有创意的学校管理者因为“家长之夜”的参与度低而感到沮丧，于是他开始每月在当地一家杂货店举办一次“我们学校很棒”的活动。每个月都有一组教师在商店里设立一个摊位，分享关于学校的信息，提供即将举办的活动的日程表，并回答家长和社区成员提出的任何问题。最终（这所学校）与社区建立了强有力的联系。

有创新精神的学校管理者会不断地与教师合作，想方设法，邀请家长进入学校，并向他们传达有关学校的好消息。通过时事通信、网页、电子邮件、公告栏、社区服务项目等多种方式，真正关心“学校—家庭—社区”联系的教育工作者将不遗余力地传播学校和学生的积极信息。

4. 分享教师的杰出才华。优秀的学校管理者知道每一个“平凡”的人都有一个让他们与众不同的隐藏“加分项”。这个国家到处都有未被发掘的人才，而这些人才很多都在学校里。作为人才发掘者，管理者必须充分利用每一个积极因素，营造一种让隐藏的人才得以显露并鼓励人们发挥所长的环境。

“发掘人才的最佳途径是什么？”很简单！只要问问大家他们业余时间真正喜欢做什么就行了。很多时候，我们忙于学校的事务，甚至没有意识到教育工作者也有自己的业余生活。我并不是建议管理者必须深入探究每个人的校外生活。但，我的建议是，学校应该创造条件，让人们必须有机会与他人分享兴趣、独特之处和天赋。这可以通过社交聚会、特殊兴趣俱乐部、教职工逸事板，以及其他让人与人之间的联系变得重要的方式来实现。一旦才华被挖掘出来，优秀的学校管理者就会找方法帮助教师展现才华，让他们感到被认可。

5. 请教师给予支持。行政管理是一项孤独的工作。以前我从来都不知道孤独是什么滋味，直到我离开教室，通过一项实习项目成为一位管理者。突然之间，管理层似乎成了敌人。当处理纪律问题时，尤其如此。有好几次，我只能用威胁的手段才把问题处理好，这些问题往往非常棘手，让人容易激动。有一次，我必须处理一个学生因上课没有带铅笔而被送到办公室的事情。没错，一个学生会被赶出教室到办公室坐着，等着被管理者质问上课不带铅笔的原因。那时，我还不是真正的管理者，所以我的信念体系会问：“教师不能处理这件事吗？”我给了学生一支铅笔，然后把他送回教室。剩下的故事你都知道了。我之所以是敌人，是因为我没有让学生因此缺胳膊少腿，也没有强迫学生终生忏悔。

因此，在本书中，我不想漏掉一个重要信息，即管理者也需要被“喂养”。在成功的学校里，如果教师认可学校管理者高效且充满关怀的管理，那么他们也会（给学校管理者）以积极的回馈。不经意的善举是双向的，教师也需要花时间去赞扬、支持和认可优秀的学校管理者。感到满足的教师会以尽可能多的方式，向学校管理者表示“我们认可和欣赏你”。

当模范管理者被问到是什么让他们如此优秀时，他们总是回答：“是这个学校里的教师。”他们认为高效管理是团队合作的结果，并认识到没有所谓的“一个人”的有效领导。他们还补充说，他们不可能靠一己之力发挥作用。强大的支持系统是学校成功的基础。

你的教师们“饿”吗

教师们渴望拥有优秀的学校管理者。我们都希望得到赏识和认可。如果你愿意的话，跟我一起来看看这个场景。想象你有这样一位导师——无论是工作中，还是生活中他处处激励着你。现在请想象一个早晨，你正准备去学校，电话铃响了。在接电话时，你就会很兴奋，因为你的导师很重视你，愿意花时间与你联系。这位重要人物开始解释道，他打电话是想告诉你，你是一个多么棒的人，这个世界有你是多么幸运，你是如何真正改变别人的生活的。结束时他说了很多的赞美之词，并祝你今天过得开心。你会度过怎样的一天？你会有什么感觉？你会觉得充满干劲吗？我们都知道答案。我们学到了什么？简单地说，真诚地鼓舞他人可以影响他们对生活的总体看法。鼓励的话语会影响你一天中接触到的每一个人。

首先，你需要确定教师的饥饿感。下面有一个简单的自我评估，是研究人员通过多年来的讨论、调查和观察形成的，可能会提供一些见解。它基于常识和从卓越教师那里收集到的关于学校管理者如何有效管理的信息。通过标记“是”或“否”来回答下面的每一个问题，然后在结论处给自己打分。每个问题都将在评估之后进行解释。

___是___否	1.你们的教师缺勤率低吗?
___是___否	2.要求教师做合同中没有规定的事情容易吗?
___是___否	3.当你走进教师休息室时，教师会不会继续闲谈，并邀请你也加入谈话?
___是___否	4.让教师自愿参加额外的活动容易吗?
___是___否	5.在一天结束时，完成了许多重要任务后，你是否依然觉得精力充沛?
___是___否	6.当教师正在上课和/或教室门关着的时候，你是否能轻松走进教室?
___是___否	7.你一天中的大部分时间都是在办公室外面度过，能够随叫随到吗?
___是___否	8.教师会不会告诉你他们跟你说话有多自在?
___是___否	9.你是否会与教职员工讨论有争议的问题?
___是___否	10.你是否有足够的时间进行高质量的教师评估会议，并对此充满期待?
___是___否	11.你是否公开与所有人分享你的信念和期望?
___是___否	12.你是否鼓励教师提出意见和建议?
___是___否	13.你是否定期请教师评估你的管理效果?
___是___否	14.你有没有安排时间真正在教室里授课并与学生互动?
___是___否	15.你关心教师们的个人幸福感吗?

___是___否　16.你是否会定期为教师安排社交活动?

___是___否　17.你是否定期用感谢信或是不经意的善举来给教师们惊喜?

___是___否　18.你是否在白天（上课时间）避免不必要的干扰（例如在学校广播中突然插播通知）?

___是___否　19.你是否会提前通知教师即将召开的会议，以便他们有时间计划个人事务?

___是___否　20.你的教师是否在会议和在职培训时积极地展现专业精神（例如，不缺席去参加其他活动、不早退等）?

___是___否　21.你是否要求教师只填写一次表格，然后与全体教师分享结果?

___是___否　22.你是否有每月和每周的计划表，并与每个人分享?

___是___否　23.你是否将每天接触尽可能多的教师作为一种习惯?

___是___否　24.路过教师休息室时，你是否愿意顺道进去聊天?

___是___否　25.你是否尝试在午餐时间接触不同的教师?

___是___否　26.你是否会先征求意见，然后再根据这些意见做出决定?

___是___否　27.你是否经常听到教师说你很支持他们的工作?

___是___否　28.你是否认为你对学校的课程和活动有很好的了解?

___是___否　29.你是否乐于展示并与教师分享你从各种学术会议上了解到的新的教学方法?

___是___否　30.你是否会抓住每一个促进自己个人和职业发展的机会?

___是___否　31.你是否鼓励你的教师参加各种学术会议、参观其他学校并通过其他途径学习?

___是___否　32.你是否把与家长联络并邀请他们进入学校作为优先事项?

___是___否　33.你是否努力与社会成员和家长分享有效的教育实践和项目?

___是___否　34.你是否会努力记住学生的名字和家庭情况?

___是___否　35.学生是否会主动找你谈话或寻求建议?

___是___否　36.你是否熟悉教师组织的所有以学生为本的活动并参与其中?

___是___否　37.你是否愿意和家长讨论课程或纪律问题?

___是___否　38.你是否努力为教师和学生安排有趣的活动?

___是___否　39.你是否每天都期待去上班?

___是___否　40.你是否更关注解决方案而不是问题?

___是___否　41.你是否经常以积极的语气和别人谈论教师的优点?

___是___否　42.你是否鼓励尽可能多地在全校各处展示学生的作品?

___是___否　43.你是否鼓励学生参与到学校管理中，并提出他们的建议?

___是___否　44.你是否会避免与教师午餐时冷场和使用全校性惩罚?

___是___否　45.你是否认识到每个教师都是不同的，并允许每个教师按照学生的需要来管理课堂?

___是___否	46.你是否只训诫犯错误的教师，而不是制定一项新政策惩罚所有人?
___是___否	47.你是否避免在同事、家长和/或学生面前让教师难堪?
___是___否	48.你是否会花时间满足教师的需求、处理教师的挫折?
___是___否	49.你是否会在预算项目、校历和会议议程方面征求教师的意见?
___是___否	50.你是否把自己的个人/家庭时间作为你生活中最重要的一部分?

你的得分怎么样？数一数“是”的答案有多少个。

41—50个“是”——你的教师感到“酒足饭饱”。干得好！

31—40个“是”——你的教师感到满意。他们还想要些零食！

21—30个“是”——你的教师感到“饥饿”。他们需要立即补充营养！

11—20个“是”——你的教师感到十分“饥饿”。送餐上门！

0—10个“是”——你的教师“饿”得“瘦骨嶙峋”。赶紧给自己上一些烹饪课（与其他学校的同行交谈），这样才可以更好地“喂养”你的教师。

在设计评估工具的过程中，教育工作者分享了他们认为在成功的学校中最能反映学校管理者是否优秀的50个指标。研究人员对结果进行了整理加工，形成了该评估工具。与以往一样，该列表可以扩展、缩短或合并。但是，它提供了一个激发反思的模板，下面几页是对这些问题背后的基本原理进行的具体分析。

根据接受调查的教育工作者的说法，以下指标可以反映学校管理者的工作是否高效：

指标1：高效的学校管理者领导的教师缺勤率较低。

当人们对自己的工作环境感到满意时，他们不喜欢缺席。优秀的学校管理者会创造了一种人们都想在其中工作的氛围。

指标2：高效的学校管理者鼓励教师做对他们的职业、学校和学生最有利的事情。

当学校管理者使教师对自己的职业感到满意时，他们就会更愿意为学校成功尽心尽力。他们不再是被合同所驱使，而是被自己的内心所驱使。

指标3：高效的学校管理者会参与教师的谈话。

高效的学校是人人都能敞开心扉沟通的地方。能让教师参与谈话的学校管理者，也会被教师们邀请加入他们的谈话。在公开、简洁和直接的讨论中，学校管理者和教师之间的信任得以建立起来。

指标4：高效的学校管理者会给教师积极的影响，使他们自觉参加学校的各种活动。

一旦教师认识到学校管理者也需要“喂养”，也就知道了管理的压力有多大。因此，只要有可能，他们就会伸出援手，在学校的各种活动中提供帮助。找到自愿协助者就不是难事了。

指标5：高效的学校管理者会毫不费力地计划、组织和完成“待办事项”。

安排好每一天并确定任务的轻重缓急很重要。高效的组织会推动高效的实施。因此，优秀的学校管理者会避免拖延，并尝试每天完成待办事项清单中的1—5项任务。

指标6：高效的学校管理者会巡视课堂。

教师们不断告诉我们，高效的学校管理者愿意尽可能多地巡视教室。最好的教师很喜欢学校管理者走进他们的教室，观察他们的日常教学。一扇紧闭的门永远无法阻止一位关心师生的学校管理者走进教室。

指标7：高效的学校管理者是看得见、找得到的。

优秀的学校管理者在整个校园里随处可见。他们很容易接近——他们会尽可能减少关着门待在办公室里的时间。他们的管理习惯就是巡视教室和走廊。

指标8：高效的学校管理者喜欢与教师交流。

当创造了一个通过提问和思考来激发对话的环境时，人们就会喜欢交流。想要掌握学校脉搏的学校管理者会尽可能多地创造与教师面对面交谈的机会。

指标9：高效的学校管理者会与教师讨论有争议的问题。

好的辩论和讨论可以澄清问题。自信的学校管理者会希望听取教师对新计划、新趋势和新任务的意见。受滋养的教职教师能够以成熟和专业的方式处理争议。

指标10：高效的学校管理者能认识到教师评估的重要性。

优秀的学校管理者能认识到评估的必要性，并会每年制订评估计划，避免出现“最后关头综合征”。然而，他们也意识到，评估必须是一种积极的、能帮助人不断改进的经历，需要时间进行反思和自我评估。

指标11：高效的学校管理者会与所有人分享他们的信念和期望。

教师们常常表示，与一个乐于分享、善于关心他人和敢于担当的人一起工作是多么振奋人心。人们想知道学校管理者有着怎样的信念和期望。

优秀的学校管理者不会隐藏他们的信念和期望，而且会随时与所有相关人员沟通。

指标12：高效的学校管理者会不断征求教师的意见。

学校管理者知道，要想取得成效，你必须让其他人参与进来。如前所述，教师是管理者拥有的最佳资源。当有人被问到他的想法、生活态度和思想时，另一个人也会不由自主地重新审视自己的信念。所有人的意见对于建立一支出色的教师队伍至关重要。

指标13：高效的学校管理者要求教师评估他的管理效果。

最可靠的学校管理者会给教师提供评估其管理效果的机会。定期问教师“我做得怎么样”是高效的学校管理者必须做的事情。

指标14：高效的学校管理者会主动安排时间与学生互动。

优秀的学校管理者经常表示，最好的减压方式就是离开办公室，和学生一起计划一项活动。教师们钦佩那些愿意花时间亲自与学生互动的管理者。学生们也喜欢！

指标15：高效的学校管理者关心教师的个人幸福感。

幸福感对于今天在教育领域工作的任何人来说都是必不可少的。关心教师的学校管理者会花时间询问个人生活，讨论个人幸福感，并持续监控士气。

指标16：高效的学校管理者为教师定期计划社交活动。

“喂养”教师（字面上和比喻义）很重要。教师们需要有机会聚在一起，享受彼此的陪伴。很多时候，即兴社交比精心策划的社交效果更好。

指标17：高效的学校管理者会花时间表达他们对教师的欣赏。

一封简短的感谢信，一张小小的汉堡优惠券，甚至是一个用来表达

“你真棒”的苹果，都能在教师节起到很大的作用。每个人都会因他人的欣赏而绽放光彩。

指标18：高效的学校管理者在白天会尽量避免给教师教学带来不必要的干扰。

最好的学校管理者永远不会忘记当教师是什么感觉。因此，优秀的学校管理者会尽其所能不去扰乱教学的正常进行，除非绝对必要。校内对讲机只能作为最后的手段使用。

指标19：高效的学校管理者会提前通知所有即将召开的会议和议程。

优秀的学校管理者能意识到教师在教育之外还有生活、家庭和责任。因此，在安排会议时，优秀的学校管理者会提前通知所有相关人员，以便他们有时间做出必要的安排。事先制定一个议程也是必要的，这样专业人士才能有备而来。最重要的是，会议要紧扣主题，要紧凑且富有成效。

指标20：高效的学校管理者在会议和研讨会上能够得到教师们的尊重。

管理者尊重教师，教师也一定会尊重管理者。尊重学校管理者的教师一定会表现得成熟和专业。在会议或其他专业活动期间，他们会倾听、参与，不会缺席去参加其他无关活动。

指标21：高效的学校管理者不会因同一个问题麻烦教师多次。

教学需要做大量案头工作。因此，当就同一个问题多次向教师征求信息时，教师们就会烦恼。优秀的学校管理者对他们向教师征求信息的次数和时间都会很敏感。

指标22：高效的学校管理者会把每月和每周计划表分发下去，让每个人都了解最新情况。

学校里，每天、每周、每月发生的事情太多了，教师不可能对所有活动都了解，除非他们自己负责组织所有的活动。管理者有必要知道让每个人都了解最新情况的重要性。

指标23：高效的学校管理者会每天尽可能多地接触尽教师。

真正关心教师的学校管理者会花时间让教师感受到这一点。一句简单的“早上好”或者“你好吗”也许可以给教师的心情带来很大的影响，请让他们的每一天都有一个积极的开始。

指标24：高效的学校管理者会在课间休息时与教师打成一片。

无论是在教师休息室还是在其他什么地方，一所气氛友好的学校里，每个人都感到受欢迎和被重视，没有什么禁止限制。

指标25：高效的学校管理者会尽可能与教师共同进餐。

有时候，最好的对话是在用餐期间进行的。当管理者抽出时间和教师吃饭聊天时，教师会觉得自己受到重视。

指标26：高效的学校管理者会先征求教师的意见，然后做出决策。

如果最终决定已经做出，还被要求提供意见，教师会非常反感。他们会认为这是对他们专业精神的侮辱。因此，优秀的学校管理者一旦征求了别人的意见，就一定会确保自己做决定时考虑了征得的意见。

指标27：高效的学校管理者会尽一切努力给予教师支持。

教师需要支持。优秀的学校管理者应该认识到这一点，尽一切努力为教师提供支持与帮助。

指标28：高效的学校管理者对全校范围内开展的活动一清二楚。

一位好的学校管理者和一位优秀的学校管理者的区别在于，好的学校管理者可以不假思索地讲述整个学校里正在进行的活动，优秀的学校管理者不仅可以讲述这些活动的进展情况，而且可以以一种令人赞叹、具有感染力的激情和热情将它讲得一清二楚。

指标29：高效的学校管理者善于向他人展示有用的信息和实践。

优秀的学校管理者总有很多东西来与他人分享，帮助他人学习。他们会经常向社区组织、同行、学校董事会、教师等群体分享自己的想法和经验。优秀的学校管理者也一定是位优秀的教师。

指标30：高效的学校管理者能够认识到个人和职业发展的重要性。

不知为不知。优秀的学校管理者会努力在个人和职业方面不断学习、成长和提高。他们会抓住一切机会锻炼自己的业务能力、提高自己的知识水平。

指标31：高效的学校管理者能够认识到教师参加学术会议和研讨会的重要性。

优秀的学校管理者相信，教师有必要参加学术会议和研讨会，相信任何对学生有益的活动，教师都应该参与。教师需要有机会来更新、验证自己的知识，并运用到自己的职业中去。

指标32：高效的学校管理者能够与学生家长建立积极的联系。

优秀的学校管理者知道，学校的成功离不开与家长的合作。他们会不断承诺让家长参与进来，使家长能够与学校一起影响和培养孩子。

指标33：高效的学校管理者懂得与社会建立联系。

成功的学校离不开强大的社会支持。这种支持离不开学校管理者的努力。优秀的学校管理者会通过服务项目、媒体以及任何其他方式向家长和社会公布学校发生的事情，并邀请社会各界参与学校的各项活动。

指标34：高效的学校管理者会尽力了解学生的名字和背景。

在以学生为中心的学校里，你会随时看到管理者在与学生交谈、在关心学生。关心学生是成功学校的主要特征之一。

指标35：高效的学校管理者有空帮助学生。

当被要求描述优秀管理者是什么样时，学生们都会说“和蔼可亲、愿意与学生交谈”。学生们的生活需要沉稳的成年人的参与。优秀的学校管理者应该是其中之一。

指标36：高效的学校管理者对正在进行的学生活动一清二楚。

好学校会开展各种各样的课外活动，包括在走廊、餐厅和教室外的其他地方。优秀的学校管理者对这些活动了然于胸，并会积极地参与其中，与师生互动。

指标37：高效的学校管理者会与家长讨论课程设置和纪律问题。

优秀的管理者乐于参与家长和教师之间关于课程设置和纪律问题的讨论。在家长眼里，优秀的学校管理者是教育方面的专家。

指标38：高效的学校管理者会让学校生活充满“乐趣”。

优秀的学校管理者知道，享受乐趣的人更有可能富有创造力，更愿意敢于冒险，更喜欢自己的工作。你一走进学校，马上就能感觉到这个地方是否充满“乐趣”。

指标39：高效的学校管理者每天都期待着去上班。

还有什么可说的？如果你在工作中感到快乐和充实，那么你的生活也会很快乐。人生苦短，不能把你的工作当作一场噩梦。

指标40：高效的学校管理者善于寻求问题的解决方案。

坐在那里抱怨一个行业的问题很简单，找到问题的解决方案却很难。优秀的学校管理者专注于寻求可行的、以人为本的各种解决方法。

指标41：高效的学校管理者会自豪地告诉别人他的教师做了哪些了不起的事。

善于认可教师取得的成就，并在外大肆表扬的学校管理者，他们也一定会得到教师的认可。优秀的管理者总是对别人赞不绝口。

指标42：高效的学校管理者鼓励尽可能多地展示学生的作品。

人比墙更重要，优秀的管理者更希望墙面被学生的作品占得满满当当。学生们很乐意看到自己的作品被展示出来。优秀的学校管理者希望所有人都为自己的成就感到自豪。

指标43：高效的学校管理者会鼓励学生参与学校管理。

学校是为学生而建的，优秀的管理者永远不会忘记这一点。他们乐于花时间与学生讨论哪些管理是可行的，哪些是无效的，以及如何改善学校。

指标44：高效的学校管理者不鼓励使用全校性惩罚。

每个人都会犯错，犯了错学校就应该处罚。然而，优秀的学校管理者绝不会因为少数人的错误而去惩罚整个学校的学生。他们只针对犯错的学生，只针对错误本身。

指标45：高效的学校管理者鼓励并欣赏教师的个人方法和做法。

优秀的学校管理者不会用规章制度来约束教师，要求他们只能以某种方式授课。他们鼓励并欣赏教师为确保所有学生的成功所采取的个人方法。

指标46：高效的学校管理者会果断地解聘效率低下的教师。

优秀的学校管理者不会因个别人的错误去制定一项新政策惩罚所有教师。他只会将犯错误的教师移出教师队伍。他们公平地对待所有人，但绝不容忍无能或安于现状。

指标47：高效的学校管理者从不在别人面前羞辱或贬低教师。

优秀的学校管理者只会直接和当事者本人处理冲突。他们绝不会不尊重或无视他人的感受。

指标48：高效的学校管理者会私下里帮助遇到问题和遭遇挫折的教师。

关心教师的学校管理者会花时间帮助有困难的教师。他们知道，创造一个人人乐意付出的环境是多么的重要。

指标49：高效的学校管理者会尽可能让教师参与到学校预算、活动计划和日常事项等活动中。

集思广益对于管理好学校至关重要。教师应该有对学校预算、活动计划和会议（计划、议程等）等发表个人看法的机会。

指标50：高效的学校管理者有自己的业余生活。

优秀的学校管理者都知道，人生首先是自己和家人，然后才是工作，他们得为家人、为自己留出时间。感到不堪重负的学校管理者总是那种把个人生活放在最后的人。

总而言之，管理者必须首先认可其教师的作用和贡献，必须意识到他们可以一起为学生的成长起到积极的影响，尽管这需要他们进行相当多的反思、付出大量的努力。迈向21世纪，既激动人心，又困难重重。教育工作者将有更多的机会充分发挥自己的潜力，但也遇到更多的挑战。要面对这些挑战，学校管理者必须要学会协作、沟通和赞美。“餐桌”就布置好了。

这需要我们所有人的努力。

如果只有最好的鸟儿才会歌唱，

树林里会很寂静。

——亨利 · 范戴克

Chapter 3

第三章

准备进餐——打造积极的学校氛围

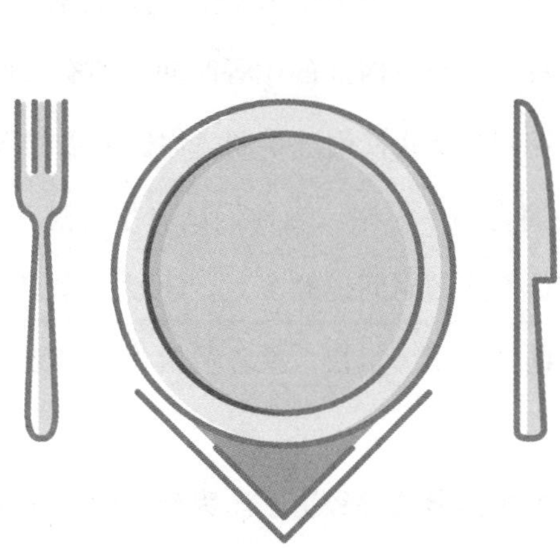

> 什么样的环境造就什么样的教师。
>
> ——查尔斯 · E. 布莱恩

设想一下这样的场景：你的朋友邀请你共进晚餐，并且已经在镇上一家新餐馆预定了座位。你提前15分钟到达餐厅，看到所有人都站在外面。餐厅里的服务员正对着顾客们大吼：“再过15分钟才能进去。”外面很冷，可你只得按吩咐做。终于可以进去了，一位一脸不快的女服务员打开门，对顾客们大喊大叫。顾客们相互推搡着冲进餐厅。一进门，你立即感觉到了这里冷冰冰的气氛，到处都挂着“禁止……”的告示，告诉人们他们这也不能做那也不能做。灰白泛黄的墙壁斑驳脱落，窗户上挂着破旧肮脏的窗帘。整个餐厅看上去需要彻底进行一次大清洁。

一位服务员来到你们的餐桌前，检查你们是否有他们不允许的行为，并跟你们说，你们只有47分钟时间的用餐时间，还有其他顾客都在等着你们的桌子。在用餐期间，禁止使用洗手间。你们的食物很快就送到了——有些还凑合，有些简直惨不忍睹。当你们试着忍受这一体验，用着餐时，服务员不停地提醒你们用餐时间还剩多久。还没等你们用完，其他顾客就已经在你们的餐桌前等着了。很快，服务员给你拿来账单，并告诉你们该离开了。

绝不会有人想再次体验这种经历了。为什么呢？显然，整个餐厅没有让人愉快就餐的氛围和环境，餐厅的服务员的态度也很不友好。这些经历有没有让你想起你的学校？

21世纪的学校管理者必须时刻注意学校的氛围。“氛围”的意思是“影响一个群体所特有的环境条件的普遍情况或一系列态度”。积极的氛围是学校成功的基础，优秀的学校管理者会不遗余力地营造和维护积极的学校氛围，将学校打造成一个人人都想来的地方。这些学校管理者会持续关注、评估和加强有关营造积极学校氛围的以下主要因素。

1. 安全第一。学校对所有师生来说必须是一个安全的地方。家长们一致认为，对他们来说为孩子选择学校最重要的因素是安全的学校环境。一所安全的学校不仅干净整洁，有利于学生健康，而且还能为学生的人身、智力、情感和社交安全提供了一个良好的环境。

- 人身安全——学校必须是让学生和成年人都不会感到害怕的地方。学校管理者必须经常与学校里的教师沟通，关注学校中正在进行的活动以及大家的行为和态度。所有人都必须相互协作，共同把握学校的脉搏，及时察觉、处理学校内潜在的危险和冲突。此外，优秀的学校管理者要制定一份每个人都知道的危机预案，以应对突然出现潜在的问题。这份危机预案必须与所有人充分沟通，并得到所有人的理解。当学校经历了毁灭性灾难时，大部分人都只会说“我们从未想过这里会出这种事”。优秀的学校管理者知道预防比干预更有效。

- 智力安全——无论是学生还是教师，他们都希望别人能够尊重他们的才能和智慧。在智力安全的学校里，每个人都能感受到这一点。各种活动和实践都旨在支持和保护每个人的智慧，而不是羞辱或贬低他们。不断出现的机会告诉每个人，失败并不可怕。

• 情感安全——在最好的学校，每个人都有归属感，人人重视培养积极的人际关系。教师愿意花时间与学生相处，为他们示范什么是积极、稳固的人际关系。学校会组织各种活动，旨在让每个学生都有机会公开讨论他们的梦想、担忧、挑战和需求。教师会耐心倾听，了解学生的内心世界。

• 社交安全——学校是学生社会化的场所。优秀的学校管理者愿意花时间为师生打造积极的社交平台。学校的墙上贴满了学生的作品，在这里，每个人都能得到重视。当学生不懂得什么是积极的社交时，关注社交安全的学校管理者会花时间向他们传授如何恰当地与人交往。

2. 重视改变。我们都知道，改变不是一蹴而就的，改变需要一个过程。优秀的学校管理者能够认识到，要成长和进步，就必须改变。但改变并不容易。俗话说，只有穿着湿尿布的婴儿才会喜欢改变。然而，随着我们社会的快速变化，学校必须积极主动。学校管理者需要认识到，要想进行有效的学校变革，必须首先改变学校中的人；要改变学校中的人，就必须改变他们的自身现状和/或思想观念。在培养积极变革氛围的过程中，学校管理者需要身体力行，成为变革的推动者。他们必须鼓励创新、协作，激发创造力。此外，他们必须鼓励敢于冒险，同时认识到只有“以人为本”的变革才能长期有效。改变能够丰富每个人的职业和生活。

优秀的学校管理者都有一个支持系统，可以让他随时把握变革的方向，以满足学生的需求、使学校变得更好。他们还主张烧毁那些不起作用的、反过来会挑战体制的“圣旨”。优秀的学校管理者能够认识到那些在计划、生产和实施变革方面做出卓越贡献的每个人的特性。

优秀的学校管理者拥有以下特质。

- 拥有自我价值感、积极的人生态度和对成功的信念。
- 拥有人生目标。
- 热爱生活，每天都充满热情，每天都在以最佳的步伐前进。
- 愿意不断寻找更好的方法来完成某件事。
- 具有团队精神。
- 有个人使命感，坚持不断提高自我。
- 思想开放，乐于听取他人的意见、尝试不同的选择。
- 对新事物满怀热情。
- 具有幽默感，敢于自嘲。

关心师生的学校管理者也能意识到，教师的“盘子”已经满当当了，而且快要溢出来了（他们承担着太多的工作压力！）。因此，他们不会一次改变太多。

优秀的学校管理者会按照以下步骤来解决改变的问题。

第一步：就需要改变的计划和/或实践，发起讨论。

第二步：指定一组变革推动者，研究需要改变事物的现状、评估变革可能带来的结果。

第三步：通过变革团队确定愿景和策略，并传达给所有需要了解相关意见的人。

第四步：努力消除任何阻碍变革的障碍。

第五步：鼓励冒险，认可收获。

第六步：执行计划并全程监控每一步的改变。

第七步：持续跟进、评估变革的有效性。

第八步：重新调整、监控、修改，必要时从头开始。

第九步：持续沟通。

第十步：庆祝，表彰成功。

事实是，对于任何改变，都只会有5%的人立即接受；25%的人会慢慢适应，然后接受；60%的人会采取“让我们拭目以待”的方式，如果新想法对他们有利，他们最终会接受；10%的人永远不会接受任何改变。最精明的学校管理者能够认识到这一点，因此他们不会浪费时间给岩石施肥或给杂草浇水。他们会做好中间群体的思想工作，奖励那些奋勇向前的人。日语中表示持续改进的词是“Kaizen”，意思是精益求精、奋发进取，永不停歇地追逐更高、更强的目标。优秀的学校管理者会坚持倡导这一理念。

此外，作为变革推动者的学校管理者要学会寻找、利用最佳的资源。对于所有想要变革的学校管理者来说，医学博士斯宾塞·约翰逊的《谁动了我的奶酪》一书就是一个不错的资源。这本书使用生动形象的比喻，为如何推动变革提供了很好的经验。

> **行平常之事，得平常之果。**
>
> **——埃德·福尔曼**

3. 积极的态度。每天我们都要起床，穿上衣服，摆出我们的态度。我坚信积极的态度和人生观是成功的基础。一切的结果都取决于个人的态度。优秀的学校管理者应该是这方面的典范。有人曾经说过：“没有天赋也可以有积极的态度，没有积极的态度也可以有天赋，但是当两者相结合时，你才可以真正大有作为。”优秀的学校管理者应该兼具这两者。

不幸的是，也有一些人患有“精神硬化症”，这是一种态度的僵化。他们把自己的消极态度归咎于报纸、媒体和我们社会的消极。不然就指责政客，把事情搞砸的英雄或是他们糟糕的人际关系。有些人甚至责怪别人或责怪自己的工作职责。问题是，他们忙于责备，以至于没能深入审视自己的内心世界。他们没有认识到他们可以控制自己的态度，没有人能决定他们的想法。

当教师被问到是什么让人难以保持积极的态度时，你在全世界都会听到许多相同的理由。这些理由包括：不支持孩子的家长，过度溺爱的家长，爱捣乱和感性的学生，过重的文书工作和强制任务，繁忙的课程，受考试成绩驱动的社会，糟糕的身体条件，低工资，缺乏资源，有限的技术，班级人数多，消极的同事，缺乏刺激性的激励计划，挑剔的公众，学校安全让人担忧，以及不支持他们工作的管理者。我肯定，没有哪所学校要面对上述所有问题，但每所学校大概都会面临其中几个问题。除此之外，我们还必须与学校内部的氛围控制者打交道。

以下是四种类型的氛围控制者。

- 氛围破坏者。这群人奋力让热情和努力的气球破裂。人们经常听到他们说：“这做不到，那行不通，我们在1953年就试过了——当时行不通，现在也行不通。”他们以击退充满活力的、以学生为中心的教师的任何新想法和新倡议为荣。

- 氛围操纵者。这群人努力传播谣言，花费大量时间在两个群体或两个人之间挑拨离间。他们经常会问，“你听说了吗？”或者“你知道这件事的真相是什么吗？”他们很少与人真诚坦率地交流，喜欢看别人意见相左。

• 氛围旁观者。这群人是无害的。他们基本上每天都慢悠悠地上班，走同样的路线——通常在同一车位停车，数年来一直背着同一个包。他们数天、数周、数月、数年如一日地使用相同的课程计划和重复教同样的课程内容。很多人会问："他们怎么能做到一直这样而不会精疲力竭呢？"很简单，如果你从来没有过热情，你就不会精疲力竭。这种人对生活非常缺乏积极性。

• 氛围改进者。这种人才是我们最担心的。优秀的学校管理者将他们看作推动者和撼动者，但他们也是最容易精疲力竭的人。他们是那前30%的变革发起者。他们为自己的学校和职业感到自豪。最重要的是，他们喜欢他们教的学生，他们是学校管理者的坚定支持者。

氛围改进者当然也包括优秀的学校管理者。一个真正有信念的人比99个有兴趣的人更有价值。氛围改进者总能向人们展示和表达了以下信念。

• 相信自己。要想成功，一个人必须认识自己、相信自己。这意味着要认识到"千里之行始于足下"，不应该把时间花在"做不到的事情"上。每天都要问自己这样的问题："我今天可以做哪些事情？"

• 相信自己的潜力。在一个充满挑战的世界里，教育工作者必须认识到他们能给众多学生的生活带来改变。正如埃莉诺·罗斯福所说："没有你的同意，没有人能让你感到自卑。"在好教师的影响下，许多生命得到了拯救，许多人取得了成功。

• 相信你的职业。教育是世界上最重要的职业，也是最困难的职业。那些批评教育工作者和学校的人，我敢肯定，如果让他们按规定到学校里工作的话，大多数一天都待不下去，更不用说一整年了。因此，作为专业人士，我们必须对我们的职业有信心，相信我们所做的一切，并向整个社会表现出我们对自己职业的自豪感。我在教育方面最大的挫折是看到一些教育工作者真的不喜欢教学，也不喜欢学生。我们应该对这样的教育工作者采取零容忍的态度。我们每天必须扪心自问的最重要的问题是："如果可以重来一次，我们会选择同样的职业吗？"当我们的回答是响亮的"是"时，我们就是氛围改进者。

- 相信他人。总的来说，好人还是占多数的。积极的人愿意相信别人，并会在每个人身上寻找闪光点。作为教育工作者，我们必须相信，每一个进入我们学校的学生都有未被发掘的天赋，我们必须帮助他们发现这些天赋，帮助他们实现美好的梦想。

> 一个健康的人会说"是""不是"和"哇"。
>
> 一个不健康的人会说"是的，但是""不，但是"和"别哇了"。
>
> ——埃里克·伯尔尼

4. 开放的交流。当今学校中的大多数问题和担忧都是沟通失败的直接结果。优秀的学校管理者都知道，根本不存在跳过或忽略沟通的可能。因此，他们总是不断地与每个人沟通。正如卡拉·奥戴尔所说，"如果你不给人们提供信息，他们就会编造一些东西来填补空白"。

很多时候，在谈论沟通时，我们往往只知道一两种方式。高层次的管理者却明白，沟通的方式有很多，包括倾听、表达、阅读、写作、思考和反馈。真正善于沟通者能够有效地使用所有这些方式，他们是他人学会沟通的榜样，他们对自己的沟通技能感到自豪。

成为一位真正善于沟通者，要做到以下几点。

• 倾听——马克·吐温曾经说过："如果我们说的比听的要多，我们就会有两张嘴，而不是两只耳朵。"真正的倾听是一门艺术，那些最优秀的管理者总是擅长倾听。耳朵（EAR）模型是练习倾听的一种实用方法：

  • E：探索（Explore）。使用开放式问题，观察非语言信息。
  • A：确认收到（Acknowledge）。通过转述对方说过的话来确认收到。
  • R：回应（Respond）。用最短的时间回应。

• 表达——乔治·萧伯纳说："沟通中最大的问题是各说各话而互不自知。"这是真的。优秀的学校管理者的表达往往流利、简洁、真诚。他们会竭尽所能与教师、学生和家长沟通。他们愿意与人交谈，努力练习沟通技巧，讲话时避免使用教师和学生常用的赘词，比如"好像""然后""嗯""哦""啊"等。他们说话时充满信心，并鼓励其他教育工作者也这样做。

• 阅读——我知道要符合21世纪对管理者的所有期待是多么困难。然而，跟上最新的趋势、实践和研究，确实很重要。真正的学校管理者都是擅长阅读的人，他们每周都会挤出一些时间来浏览最近的期刊、文章和阅读书籍。一些学校甚至成立了读书俱乐部。喜欢阅读的人，每月都会会面一次，或者在某人家里，或者在餐馆里，讨论他们正在阅读的内容。还有一些学校管理者坚持实施持续默读（SSR）计划，即学校里的每个人每天都要阅读10—15分钟。这使得教师每天都有时间阅读自己喜欢的书，同时也为他们的学生树立了一个活生生的榜样。如果你堆在地面上的“待读”文件比你本人还高，那么你就有必要对你的日程安排进行一些调整了。

• 写作——优秀的学校管理者对自己的写作水平有充分的信心，并且喜欢以书面形式与他人分享、交流。他们会采取措施，确保学校里任何人写出的东西都能符合规范。现在，通过书面形式进行沟通比以往任何时候都要多。优秀的管理者要努力确保每个人每周都能收到学校发出的书面最新信息或电子邮件，确保每个人都能看到发布在学校公告栏上的重要信息。我们的目标是永远不会听到学校里的任何人说：“我不知道那次会议。我从来没收到过信息。”

• 思考——优秀的学校管理者善于利用他们校内的优质教师资源，把他们组织起来，成立“思维小组”，帮助学校制定使命宣言、定义发展愿景、解决问题，推动学校进步。无论学校管理者有多优秀，他都不可能一个人完成所有事。学校管理者也要花时间反思自己的个人使命和愿景。

• 反馈——人们时常会忽视沟通中的一个重要环节，那就是简单有效的反馈。每个人都想知道自己表现得如何，是否可以做得更好，是否有需要改进的地方。优秀的管理者会以关怀和鼓励为原则，不断给教师提供积极或建设性的反馈。

5.人际关系技巧。以普通人的标准要求一个人，他就只能成为普通人。按照一个人想成为的样子要求一个人，他就有可能变成他想成为的人。学校管理者在试图营造积极的学校氛围时必须要理解这个重要观念。积极和充满关爱的关系是一所学校变得与众不同的核心。优秀的学校管理者致力于打造一个充满尊重、信任、专业、关怀、同情、协作、团队合作、建议、鼓励和滋养的环境。他们会分享并实践以下内容：

最重要的六个字：我承认我错了。

最重要的五个字：你做得真棒。

最重要的四个字：你怎么看？

最重要的三个字：可以吗？

最重要的两个字：谢谢。

最重要的一个词：我们。

最不重要的字：我。

6. 全员积极参与。为使学校氛围能够真正满足所有人的需要，学校各方都必须具有团队精神。优秀的学校管理者知道，他们要懂得放手发动所有人，要让教师真正参与进学校的各项建设中，而非在一旁观望。管理者应该多关注需要做什么，如何去做，以及达成什么结果时可以庆祝。人们的参与感越高，他们就越愿意积极主动、越支持这项任务、传播这个好消息。更多的参与意味着更少的小群体和限制条件。

7. 积极的公共关系。最后，但同样重要的是，积极的学校氛围还必须包括与家长和社会的积极沟通。学校能否成功，与每个人都有关系。精明的学校管理者知道，他们越经常与公众分享学校的实践、收获、成功和喜悦，他们越能获得社会公众的支持。最好的学校是以家庭为基础，要让家长和社会公众感受到教育工作者对他们的欢迎，让他们乐于参观学校或向学校管理者提出有利于推动学校发展的问题。

认识了氛围的重要性和意义，我们还必须认识到，不能生病了才想着投医，对我们来说改善的空间始终都有。是的，就像一家好的餐厅一样，一所好学校，从一天开始到结束，从一个月到下一个月直到年底，都应该提供最好的服务。希望做出改变的学校管理者也要有一种理念，那就是每一天都应该是他们展现自己才华的日子，任何人都不能破坏它。

以下策略有助于营造健康快乐的氛围。规划“我的时间”和“我们的时间”。你的职业不能是你唯一的优先事项。你需要安排时间给你自己（我的时间）和你生命中重要的人（我们的时间）。大多数不快乐的人没有健康的人际关系，没有自己的支持团体，也没有工作之外的生活。

- 规划“我的时间”和“我们的时间”。你的职业不能是你生活唯一的重点。你需要留出一些时间给你自己（我的时间）和你生命中重要的人（我们的时间）。不快乐的人大都没有健康的人际关系，没有支持他的亲友，也没有工作之外属于自己的生活。

- 把问题看成挑战。优秀的学校管理者只花5%的时间讨论问题，剩下95%的时间全用来寻找解决方案。他们在生活的方方面面都贯彻这一理念。

- 不做指手画脚的人。责备永远不会有任何效果。与其花时间找出是谁的错，不如花时间把事情做得更好。

- 分析你的压力和挫折。知道什么会让你烦躁，并加以回避。不要因为负担过重、拖延症或见到那些让你恼火的人，而给自己带来额外的健康问题。

- 设定个人生活和职业目标。目标是有最后期限的梦想，所有优秀的学校管理者都有自己的愿景、方向和使命。最好是为你的目标制订一个计划，胸有成竹地往前走。

- 不要无所事事、拖延或消极。要做活跃、有条理、积极向上的人。

要参与进各种事务，成为促进成就的一分子。健康的人都是实干家。

• 拥有积极的榜样和导师。向他人学习。不学习的一天，就是不充实的一天。我们身边每天都有可以学习的东西。抓住一切可以与导师交谈的机会。

• 不要浪费时间做徒劳之事。那些被琐事弄得心烦意乱的人永远。当挑战出现时，问问自己这是否会对明天、下周或下个月产生影响。认真对待你的工作。

• 摆出自豪自信的专业人士姿态。即使在你感觉状态不佳的日子里，也要装出最好的样子。自信和自豪的步伐肯定会为积极的学校氛围增色不少。

• 永远不要停止娱乐和欢笑。没有笑声的一天也是活得不够充实的一天。我们的工作中有很多值得我们微笑的事情；我们应该知道，我们不能停止欢笑，因为我们都会变老——而变老正是因为我们不再欢笑。

归根结底，我们每个人都在影响着校园的气氛或氛围。我们如何度过每一天，我们的一举一动，我们的每一句话都取决于我们自己。

优秀的学校管理者善于激发人们最好的一面，并帮助他们选择正确的态度。你的态度不是由环境决定的，它取决于你应对环境的方式。

> 如果你在一家毫无热情、活力、创造力、智慧、好奇心和乐趣的公司工作，你就有麻烦了，很严重的麻烦。
>
> ——汤姆 · 彼得斯

Chapter 4

第四章

主厨式管理者——优秀学校管理者应具备的主要特征

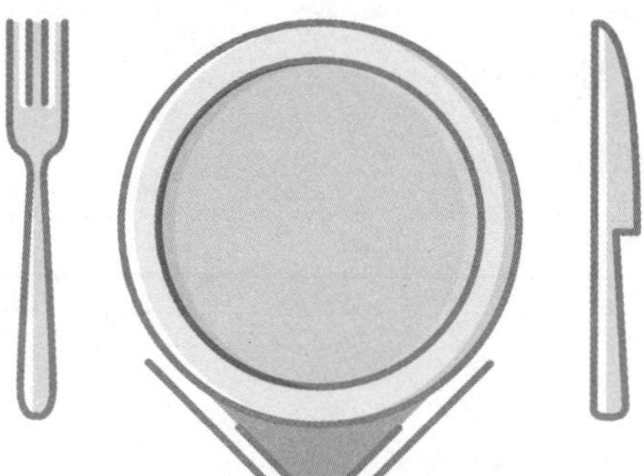

> 优秀的管理者就像一位优秀的厨师。在开始烹调或执行之前，他们都会花费大量时间来准备、计划和设想。在此期间，他们会专注于结果和客户。他们会不断地重新调整、重新聚焦、重新评估自己的计划和努力。
>
> ——内拉 · A. 康纳斯

如前所述，在21世纪做一位学校管理者并不容易。这需要拥有特殊天赋。他们要尊重教师，认可教师们的努力，为教师提供自我发展的机会，处事做到公平公正，凡事允许人们公开讨论，并努力为教师提供真实和灵活的工作环境。因此，在对这些优秀的学校管理者进行观察、采访和学习后，我得出的结论是，对学校未来富有预见性的主要负责人（C.H.E.F.S.，Chief Heads Envisioning Future Successes），就像一家餐厅最好的厨师一样，拥有以下特征。

1. 态度积极。

2. 讨人喜欢的个性。

3. 对职业充满激情。

4. 有目标。

5. 有耐心。

6. 有毅力。

他们是：

1. 以人为本的。

2. 有备而来的。

3. 不缺席的。

4. 敏捷的。

5. 乐于赞扬他人的。

6. 问题解决者。

7. 拖延症杀手。

8. 抗压选手。

9. 以员工表现为依据的。

10. 积极主动、富有成效的。

11. 为家长和公众着想的。

虽然我们已经简单地讨论过其中一些属性，但后面会更详细地对它们展开讨论，因为重复是最好的教师。此外，下面的内容类似于菜单，请选择符合你需要的菜。

积极的态度

如果你曾经在一流餐厅工作过，或者有机会仔细观察过那里的运作，你就会知道，那里一定有一个可以影响当晚气氛的主角。这个人就是主厨。主厨的某些特质可以决定整个晚上的成败。我们都知道那是什么。积极的、永不放弃的态度。正是这个因素决定了一个人的存在，他人生的成功，以及他的每一天。正如前面几章所讨论的，态度是生活的本质。

同样，优秀的管理者会以一种“谢天谢地是今天”（Thank Goodness It’s Today）的态度开始每一天。他们醒来时常怀感激之情，因为他们还好好地活着，没有被列入讣告栏。他们言行一致，走路和说话都带着个人使命感：“今天是属于我的一天，没有人能从我手里夺走它，没有人能毁掉它。”

他们带着个人风格和自信走进学校，冷静、专业、公平和快乐地处理所有的一切。（没错，快乐地！）

即使在最消极的情况下，最优秀的管理者也会说，保持积极的态度。他们会力求自己做到以下四点。

1. 为自己有能力专业地处理这种情况感到幸运，即使他们其实没有这个能力（他们也会假装有，直到成功）；

2. 对自己的职业和自己改变学生人生的能力常怀感激（你必须去学校——你是校长）；

3. 用最佳的策略确保双赢的结果（不包括隔靴搔痒）；

4. 带着解决好一个问题的兴奋感，继续解决下一个问题。

说真的，成功是建立在态度之上的。这时有人可能会问：“你怎样才能在日常生活中保持积极的态度，并实践盖伊·班尼特所倡导的啦啦队长风格？”答案是：这需要我们“把握好”每一天，做到奉献、信念、性格、一致和联系（5个C）。

奉献的精神

我们都听说过鸡蛋培根早餐。

在评估其中的参与成分时，我们知道鸡只是一个促成者，而猪则是奉献者。优秀的管理者也是如此——他们会全力以赴，不惜一切支持教师、学生、家长和社会。他们抱着“超越一切”的态度开始每一天。他们对每天的挑战、选择和事务都有一种“坚如磐石”的态度。尽管困难重重，他们也力求登上顶峰。

显然，并不是每个人都会持相同的态度，但这并不重要。优秀的学校管理者总能做到，他们会尽力不断地做出有利于所有人的最佳决策。

坚定的信念

优秀的管理者有坚定的信念。他们有一个每天都要遵守的个人使命宣言。他们渴望做一个敢于创新、包容全员、信任他人和做正确事情的学校管理者，这是优秀的学校管理者存在的依据。优秀管理者坚定的信念影响着他周围的一切。他们对这一职业的自豪感表现得淋漓尽致。

鲜明的性格

性格的定义是一个人的行为模式或品格，或者是决定其为人的特质。这意味着我们的性格是由我们的行为决定的，并会随着时间的推移而变化。优秀的学校管理者总能展现出他正直可靠的人格魅力，成为所有人都钦佩的道德榜样。尊重他人、诚实和锐气是通向成功的特质。尤其是锐气——那种让一个团队想要做到最好的兴奋和热情。拥有强大性格的人总能表现出他的决心、精力、自律、意志力和勇气。

言行一致

优秀的管理者最难能可贵的品质之一就是言行一致。这一点很难，因为有太多不确定因素可以决定一个人如何处理一种情况。这就是“反应—响应模型”。不过优秀的管理者总会以努力响应而不是过度反应的态度来处理问题。我真心认为最好的教师永远不会忘记当学生的感觉，最好的学校管理者永远不会忘记当教师的感觉。

联系广泛

优秀的学校管理者会孜孜不倦地致力于培养学校各方面的参与者之间的联系，确保每个人都能了解学校的使命、现状和发展前景。学校里会经常举办庆祝活动和表彰大会。在“互联”的学校里，人人其乐融融，互相关心、互相照顾，积极合作，人与人之间的交流始终畅通且积极。“互联”的学校就是“以人为本”的学校。

讨人喜欢的个性

我们都听说过，“决定你高度的不是你的才智，而是你的态度”。感恩的态度是通往卓越和成功个性的必经之路。

当教师被问到是什么让他们的管理者如此优秀时，许多人首先会说他/她是一个了不起的人。一个人的个性特征影响了他如何应对教育事业及其诸多挑战。一个讨人喜欢的学校管理者不仅会在工作中表现出智慧和自信，而且会穿着得体。你的外表、你的态度和你的言行举止都能决定你的个性。

自信的学校管理者能清楚而令人信服地向别人展示他是谁，他要去哪里。他们真正关心别人，待人和睦，打招呼时能叫出别人的名字，且说话时很少用“我”这个词。他们能营造坦诚的氛围，被他人视为鼓舞人心的教练，能够激励和影响他人。

> **教练的职责就是挖掘人们的潜能，使之发挥出最佳水平。这是在帮助他们学习，而不是在教他们做事。**
>
> **——约翰·惠特莫尔**

激情

伯纳德·丰特奈尔说过，激情是“推动万物运转的必要之风，尽管它们经常引发风暴”。优秀的学校管理者绝对热爱他们所做的事情，而且他们总能从工作中体验到乐趣，这让他们胸中时常燃烧着一团热情的火焰。精力充沛的学校管理者会表现出一种富有感染力的渴望和兴奋。他们具有无私的奉献精神、坚定的信念，让人既钦佩又尊重。

充满激情的学校管理者能够以身作则，为教师树立榜样，铺设新路，点燃希望的火种。他们会帮助别人认识自己的才华和长处。当我们走进一所学校，通过观察校园里的教师和学生，并与他们交谈，几分钟内我们就可以判断出这里的校长是否是一位充满激情的学校管理者。最有效率的学校管理者往往做事很用心（HEART）。工作人员都很认同他。

- H——Hear，倾听并尊重我。
- E——Encourge，鼓励我做到最好。
- A——Appreciate，赞扬并欣赏我的努力和成功。
- R——Respond，对所有情况作出积极响应，而不是被动反应。
- T——Trust，相信我的决定、信念和专业精神。

激情就像一次美好的就餐体验——只可意会，但你经历过一次就会明白我的意思。

目标

没有目标，人就没有方向。因此，优秀的学校管理者做事会从他们发自内心的个人使命开始。他们会花时间思考自己是谁，为什么要做他们所做的事情，他们想成为怎样的人，要达到什么目标，以及他们如何实现这个目标。这只是一些想法，无须正式而详细的陈述。我个人的日常使命体现在以下几个方面。

- 我会以“谢天谢地是今天”的理念开始新的一天
- 我会想：“今天是属于我的一天，没有人能毁了它。”
- 我会尽可能地做到开朗友好。
- 我会对我的学生和同事少一些批评，多一些宽容。
- 我会尽我所能做到最好。
- 我会记得当学生时的感觉。
- 在任何情况下，我都会整天努力保持积极的态度。
- 我会“先寻求理解，再寻求被理解”。
- 我不会担心或抱怨我无法控制的事情。
- 我会从容不迫地应对所有情况。
- 我会（每天）至少微笑5次

一旦学校管理者有了明确的个人使命，他就应该与教师分享。然后，他可以与全体教职工合作，一起制定学校的使命和愿景，以推动学校每个人向前进。

在讨论使命和愿景时，我们必须首先厘清这些术语之间的区别。“使命”和“愿景”之间有明显的区别，但有时又有所重叠。最有洞察力的学校管理者知道，使命是存在的目的或原因，是方向（而不是目标）。它为全体教师提供了努力的基础。愿景是人们寻求创造的未来。这两个术语是相关的，都围绕着学生发展，但又有不同的功能。强大管理能力的关键是如何与员工一起简明扼要地确定他们的使命（或领军人物）和他们的愿景（或长期目标）。

使命

使命必须是每个人都深信不疑并能清楚表达的。我觉得很有趣的是，学校请专人花大量时间制定一份使命宣言，讨论通过、达成共识，将声明印在名片、文具和海报上，然而，当一位参观者进入学校问到他们学校的使命是什么时，没有人能立刻回答出来，都在匆忙地寻找印有使命宣言的物件。

使命宣言必须深深印刻在全体教职工的心里。我们的每一种行为都应该体现出我们学校的使命。它应该简单有力，比如“康纳斯中学——一个让优秀变成卓越的地方”或“斯内勒中学——一个人人都能成功的地方”。使命宣言要能清楚地描述是什么在激励着教师不断努力。而且，最重要的是，它要有价值、有意义，所有人都可以毫不犹豫地表达出来，而不需要看参考手册或小抄。

愿景

在谈到愿景时，我记得有一个人对海伦·凯勒说过：“我无法想象双目失明是什么样的，没有比这更糟糕的事情了。”海伦回答说：“我可以想象——（比双目失明更糟糕的是）视力正常却没有远见。”多么真实啊。

优秀的管理者会与教职工们合作，将使命转变为令人信服的愿景或有意义的预期结果。在所有人的共同努力下，就未来5年的目标制订详细的计划。他们会发现道路上的潜在障碍、挫折和坎坷。他们会评估可用资源和团队成员。他们会解决以下问题。

1. 我们为什么处在这样的状况下？
2. 当前形势如何？
3. 我们想达到什么目标？
4. 我们如何更好地满足所有学生的需求？
5. 作为一位教职员工，我们的愿景是什么？
6. 我们需要做出哪些改变才能更接近我们的愿景？
7. 如何才能做出这些改变？
8. 我们需要哪些资源才能取得成功？
9. 我们如何让所有人都参与到取得成功的进程中？
10. 可能的挫折有哪些？
11. 解决方案是什么？
12. 我们如何衡量成功？

记住，诺亚并不是在下雨时才开始建造方舟！

一旦确定了愿景，学校管理者和教师就应该确保所有关键决策和计划都与学校使命相关。此外，优秀的学校管理者也应该明白这样一个事实，即使命和愿景必须时常更新、调整。正如沃伦·班尼斯所说，“愿景能够让人充满活力，激发灵感，并将目标转化为行动”。

耐心

约翰·恰尔迪给耐心下了一个很好的定义："耐心就是慢慢关心别人的能力。"学校管理者应该意识到自己不可能是超人。他们能力有限，但如果有耐心，每天迈出"小小的一步"，最后就能赢得大家的支持。

耐心是一种美德，也是成为21世纪学校管理者的必要条件。

我曾经在一家餐厅和一位喜怒无常的厨师共事过。他的理念是"扔钝器管理法"。生气的时候，他习惯的反应是手里不管拿着什么东西都扔出去——而且很多时候是一把切肉刀。他从未割伤过任何人，但确实吓坏了很多人。显然，他的字典里没有"耐心"这两个字。自信的学校管理者有耐心等待成功。

毅力

坚持是成功之母。优秀的管理者总有一种"永不放弃"的态度，一项工作一旦开始，就一定要完成。他们会给其他人树立榜样，如果缺乏某项技能，他们就会努力去获得这项技能。发现和培养他人的才能是一项持续的任务。有毅力的学校管理者会坚持不懈地帮助他人相信并支持学校的使命和愿景。在坚持的过程中，优秀的学校管理者会专注于可行的、可预见的事情。

以人为本

作为一位教育工作者，我们一定乐于看到他人取得成功。在这种以人为本的伙伴关系里，我们必须掌握处理各种人际关系的技巧。优秀的管理者喜欢与教师和学生打成一片。他们会花大量的时间发展、改善、完善人际关系。他们是这一体系的代言人。

优秀的管理者会对需要帮助的人表现出关心和同情。此外，他们尽可能地花时间招募和聘用最优秀的员工，正如西奥多·罗斯福所认为的那样，“优秀的领导者是这样的：他们有足够的理智挑选优秀的人去做他想做的事情，并有足够的自制力，在他们做这些事情的时候不去干涉他们”。在无需招募和聘用的时候，优秀的学校管理者还会尽力培养后备人才。

以人为本的管理者都有一个“开门政策”，他们每天都会花时间与尽可能多的人交谈。他们明白，让人们发光的方法就是让他们成为真正的宝石，他们只需要提供一个好的环境和一点打磨即可。

因此，他们以他人期待的那样对待他人。优秀的学校管理者会经常问教师下面几个问题。

1. 对你来说最有效的沟通方式是什么？

2. 要想成功，你需要我做些什么？

3. 你的专业兴趣/才能是什么？

4. 你的优势是什么？

5. 你认为什么可以让我们的学校更成功？

6. 我们如何成功地满足所有学生的需求？

7. 要取得进步，你需要哪些资源/培训？

8. 我怎样才能成为一位更有效率的学校管理者？

有各方参与的持续评估至关重要。通过激励、沟通和授权，优秀的学校管理者一定可以拥有一个由成功人士组成的团队。

有备而来

沟通是第一要事，而准备工作是仅次于沟通的第二要事。凡事有所准备的学校管理者才是优秀的学校管理者。你在准备上投入的越多，得到的就越多。在安排日程、计划会议、履行约定，以及处理持续的干扰和突发事件时，做到凡事有所准备至关重要。

凡事有所准备，优秀的学校管理者可以确保所有人都明白了自己的任务，并组织大家完成工作。他们可以做出合理而及时的决策，而不会陷入“扔钝器管理法”的困境。史蒂芬·柯维的书《要事第一》是学习如何组织、准备方面的一个很好的资源。

> 我们都在苦恼地抱怨时间紧迫，但我们所拥有的时间却远远超过了我们知道该怎么用的时间。我们的一生要么是不务正业，要么就是无所事事。我们总是抱怨时间太少，然而我们却表现得好像时间永远用不完一样。
>
> ——塞涅卡

不缺席

优秀的学校管理者是看得见摸得着的。工作人员知道他什么时候会离开校园。这样的管理者不仅人到场，而且心也会到场，这意味着他们知道校园里每天都发生了些什么。他们可以毫不费力地说出学生人数、课程设置、教师队伍和即将开展的实践。他们知道教室是什么样的，他们为自己对活动信息的了解感到自豪，对不知道的事情他们也会设法找出答案。

优秀的管理者会经常参观教室，也会毫不犹豫地走进一间关着门的教室。你可以通过观察学生和教师的表现来判断管理者来过多少次教室。当经常到教学一线的管理者走进来的时候，每个人都会抬起头来，向他致意，然后回到正在进行的事情上。当一个很少来的管理者进来时，学生们会一边开始调整自己，一边低声说“嘘”，教师会在一句话或一项活动进行到一半时停下来问：“有什么需要帮忙的吗？”

喜欢到教室的管理者会经常与所有人互动，关注他人，认真倾听，并适时提供支持。他们心胸开阔，是敢于冒险的战士。

做事迅速

伍迪・艾伦最著名的一句电影台词是：“90%的成功都是一下子出现。”优秀的管理者会营造一种做事迅速的氛围。他们开会迅速，结束迅速；第一时间通知其他人他们的日程安排，并时刻紧跟最新趋势、研究和实践。除了迅速外，优秀管理者还具有言行一致和可靠的行事风格。优秀的学校管理者还会经常向其他人灌输养成这种风格的必要性。

乐于赞扬他人

每个人都希望自己被人欣赏。优秀的学校管理者会花时间不断地对教师进行赞赏。他们认可那些实干者的努力，同时帮助解决那些无作为者的遇到的麻烦。他们鼓励成年人展示他们的各种证书、奖项和文凭，他们为个人的辛勤工作鼓掌，并花时间与大家分享成功的喜悦。

然而，最重要的是，优秀的学校管理者的赞扬一定是真诚的，他们会竭尽所能地努力激发、维持积极的士气。一所具有团队精神的学校是教师能够全心投入、充满活力、以学生为本的学校。

当士气高涨时，学生们也会受益匪浅。在进入校园的几分钟内，你就可以感受到充满活力的教师散发出的魅力。优秀的学校管理者深知学校管理的两条基本原则：

1. 公开表扬，私下批评。

2. 做得对的要表扬，做错了的要纠正。

真诚的赞美可以激励他人，也可以激发他人花时间互相小小地表达感激之情。优秀的管理者会为学校定下基调，在学校里所有人的贡献都能得到认可，学校也会花时间对这些人说声“谢谢”。多年来，我一直保存着一份“糟心一日档案”（H.A.B.D.F.）。还记得那些你一觉醒来，无所事事，无聊到只得翻看报纸上的招聘广告，看看哪家超市在招工的日子吗？在那些日子里，我会拿出我的“糟心一日档案”（里面装满了来自学生、家长和其他教育工作者的感谢便条和卡片）坐下来，开始仔细阅读这些信息。往往只需15—20分钟（有时更快，有时更久），我就会开始意识到我选对了行业。那时，我的心中满是教育事业。

小小的表扬可以起到很大的作用，也能影响到很多人。

> 平庸的学校管理者会命令，好的学校管理者会解释，优秀的学校管理者会示范，伟大的学校管理者则会鼓舞人心。
>
> ——布赫霍尔茨和罗斯

问题解决者

如前所述，优秀的管理者只将5%的时间花在讨论问题上，而将95%的时间花在解决方案上。闲坐着抱怨什么不对劲、什么不管用、生活有多糟糕很容易，然而确定解决方案并将其付诸实施却很难。优秀的学校管理者就是这样做的。他们相信失败并不可怕，他们会从各种失败中吸取教训和经验。

这些学校管理者对挑战采取积极的态度，在难以找到解决方案时，他们背后的支持网络会为他们提供帮助。再重复一次，他们明白，有些事情单靠自己的力量是无法做到的，所以他们会依靠自己拥有的最佳资源：全校师生。他们知道，问题是进步的代价，在学校管理中遇到问题是不可避免的。所以，当受到最严重的打击时，他们也会坚持到底，不懈奋斗。

拖延症杀手

优秀的学校管理者善于沟通和组织。学校管理者必须学会把控自己的时间，否则就会陷入拖延的困境中。是的，“应做之事”会像一块块硬石一样堆积在一起。我们都有过这样的经历，我们知道把今天能做的事情推迟到明天只会带来更多的压力。

正如梅里尔·道格拉斯所说，“许多人认为他们可以找到许多节省时间的方法。这是一个错误的假设，因为只有当你专注于使用时间的时候，才能真正高效地利用你的时间。”优秀的学校管理者可以有效地管理他们的日程表、预算和议程，并意识到每周和每日计划的重要性。

一个人使用什么类型的计划工具并不重要。重要的是要有某种计划工具来记录、计划和执行。当有计划时，也就不会浪费时间；人们也就有机会处理意外事件，并且可以避免四处打补丁的危机境地的出现。

抗压能手

压力是教育的代名词。没有一位学校管理者是没有压力的。因此，优秀的学校管理者要学会从容地应对压力。他们知道压力是工作的一部分。他们明白，平静的湖面下总有暗流涌动。他们善于承受压力，不会浪费时间试图用大锤杀死蚂蚁（小题大做）。

为了能够应对工作压力，优秀的管理者会在生活和工作之间寻找平衡，他们知道健康、家人和朋友以及教育之外的生活的重要性。他们会花时间来充实自己和更新自我。他们明白，一个人如何面对冲突和生活是由个人选择决定的。最后，他们不会因为小事而沮丧。他们把目光放在大局上。正如约翰·罗杰和彼得·麦克威廉姆斯所言：“为了成长，我们必须学会忍受不适”。

以员工表现为依据

专注于目标和激情的学校管理者会持续关注所有人的表现，以确保每个人都专注于以学生为中心的使命和愿景。他们把时间花在建立优势上，而不是满足于平庸或现状。他们以挑战极限为荣。

如前所述，学校管理者善于学习，也鼓励各个部门的员工学习。因此，有责任心的学校管理者是像一种催化剂，可以激发员工对生活和工作的热情与智慧。

这些学校管理者会处理不称职者，但不会因为少数人的错误而惩罚整个团队。他们会无条件奖励和认可好的行为，但对不可接受的行为绝不容忍，会想办法矫正。以员工表现为依据的管理者对人力、技术、课程和预算等各个方面都了如指掌。

> 人生的目的，说到底，就是要好好生活——尝尽世间百态，热切地、毫无畏惧地去追求更新、更丰富的体验。
>
> ——埃莉诺·罗斯福

积极主动，富有成效

乐观和具有前瞻性的学校管理者做事都是积极主动和富有成效的。他们身上体现了一种“跳出框框思考”的精神——这一21世纪教育工作急需的品质。这些人极具责任感，一步一个脚印。他们始终保持“斗志高昂”，做事有始有终。

最富洞察力的学校管理者是敢于面对问题和富有想象力的决策者，他们能掌控自己的思想和学识。他们能够做事富有前瞻性，能够把握住行业的发展趋势，并尽可能多地参加职业发展。他们所做的一切都与学校的使命和愿景息息相关。他们的生活态度就是“一切皆有可能”。

为家长和公众着想

最后但同样重要的是，优秀的学校管理者会时刻为家长和公众着想。他们明白，要办好一所学校，需要所有人的合作。优秀的学校管理者会尽其所能让父母和社会公众真正感受到学校欢迎他们的到来。他们会努力为学校树立积极的公众形象，他们善于处理学校与家长和社会的关系。他们的目标是在校内外打造合作一致、融洽和谐的学校发展共同体。

总而言之，优秀的学校管理者总能起到良好的模范作用，他们具有明确的目标、积极的态度，以及上面谈到的各种特质。他们能够确保每个与他们共事的人都能够：

1. 对自己的期望和职业愿景（梦想、愿望、目标和角色）有清楚的认识

2. 认识到最重要的团队是整个学校所有人（大家一起取得更大成就）

3. 具有团队精神，能够认识到自己作为学习促进者和学生教练的角色

4. 愿意冷静而专业地处理棘手的话题和冲突

5. 拥有提出建议、提问和参与学校日常运营的机会

6. 有归属感和价值感

7. 理解冒险是值得被鼓励的

8. 拥有个人和职业目标

9. 清楚地认识到我们是为所有的学生服务的，而不是抱着“教最优秀的，干掉剩下的”的态度去教学

10. 相信与家长和社会保持密切联系至关重要

11. 认识到校园里的每个教师都是学生的榜样，因此我们必须时刻为学生做出积极的榜样

12. 愿意承认错误，从中吸取教训并继续前进（悲观者在机会中寻找困难，乐观者在困难中寻找机会）

13. 勇于寻求帮助，并会教给学生这个道理，即“失败并不可怕”

14. 真诚对待学生、同事和学校

15. 不会“贬低”或羞辱任何学生或同事的专业态度

16. 注重发展成功的人际关系

17. 了解自己所服务的学生和社会需求

18. 明白要想成功，必须有灵活的思想和幽默的态度

> 海狸技艺高超。它很清楚如何修大坝。它最不需要的就是有人站在岸上对它指手画脚。
>
> ——佚名

Chapter 5

第五章

美味的膳食——为教师提供有利于长期成功的有意义的经历

> **衡量成功的标准不是你是否能解决棘手的问题，而是你遇到的问题是不是和去年一样。**
>
> **——约翰·福斯特·杜勒斯**

创建一所好的学校涉及很多不确定因素。善于培育教师的学校管理者都非常清楚要取得成功需要做些什么。他们会一丝不苟地为所有教师提供有意义的体验——“膳食”（M. E. A. L. S.，Meaningful Experiences Affecting Long-term Success，有利于长期成功的有意义的经历）。他们还会煞费苦心地确保学生的需求始终首先得到满足。

成功学校的学校管理者会与全体员工合作，一起做好以下的大部分或全部工作（同样，下面的内容精选自对一流学校的观察、调查、访问以及与一些最优秀和最聪明的人教育工作者的谈话）：

1. 由员工形成发展的信念宣言——伟大的使命和愿景可以激励优秀的学校管理者。他们会问所有相关人员“你相信什么？”回答这个问题，其实就是在生成、共享、复制和内化信念宣言。优秀的学校管理者会确保所有人能看到这个信念宣言，确保所有人都能持续不断地贯彻执行。

2. 愉快工作——一个多么出色的理念啊。优秀的学校管理者都明白，在建设一所优秀学校的过程中，工作兴趣必不可少。

3. 每一天的开始和结束——在学校里，一天往往开始得太快让人没有时间准备，结束得毫无征兆让人没有时间反思。在高效的学校里，管理者每天都会以学生的公告、当天的想法和/或其他积极的方式开始一天的工作。盖伊·班尼特最著名的开场是讲来自某位学生的一个趣事。这些趣事在被分享之前都经过了非常仔细的筛选，学生们喜欢从学校广播里听到他们的趣事和名字。

一天的总结也同样重要。在看到这一天还剩5—7分钟的时候，学生和教师通常就开始收拾行装，准备离开了。他们总会匆匆离开教室和学校，开始自己接下来的活动。成功的学校会在一天结束时安排一个总结的时间，在这个时间段教师们会批改家庭作业并为第二天做一些必要的准备。学生们则会开始为第二天制订计划，或反思当天的情况。设置总结时间的目的是帮助学生规划学习、提高效率和取得成功。

4. 安全可靠的环境——如第三章所述，以人为本的学校管理者会确保所有进入学校的人都是安全的。他们始终如一地在人身、智力、情感和社交方面营造友好安全的氛围。

5. 基于学生需求的学科交流和课程设置——最好的学校的课程设置一定是有价值的、系统的且有一定技术含量的。要记住，没有学生就没有学校。因此，我们所做的一切都必须以我们所服务的学生的人身、智力、社交和情感需求为基础。学校管理者和教师之间必须进行持续的沟通，以增进双方的了解。优秀的学校管理者能够认识到学科交流的重要性，并尽一切努力提供各学科间交流的机会，便于教师们分享各自的价值观、信念、见解和目标。

能够持续发掘学生潜力的活动也很重要。有能力的学校管理者往往支持培养学生的领导才能，并会通过俱乐部和/或课外活动帮助学生发展。就我个人而言，学生时代最美好的经历之一就是成为美国未来教师组织的一员。在那里我获得了无数的机会。不幸的是，现在很少能看到学校实施类似的计划。

6. 充满关怀和尊重的氛围——营造一个充满关怀和尊重的氛围有多么重要，毋庸置疑。一所充满关怀一定是一所体贴周到的学校，坚持不断完善学校氛围的学校管理者会不惜一切代价让学校充满关怀。

富有爱心和懂得尊重的员工会关心彼此，关心整个学校，尤其关心他们所教的学生。许多体贴周到的学校管理者会要求全体教师乘坐学生上学的校车，把每一位学生的上学路线都走一遍。这种做法将让教师收获三种经验：

- 更好地了解学生所生活的社区和环境。
- 了解一些学生在到达学校之前需要在校车上待多长时间。
- 最重要的是，让他们体验校车是否舒适。

与交流一样，教师对学生的关怀和照顾有多么重要无法言喻。

7. 合作性和建设性的委员会——“谁愿意为另一个委员会服务？没人吗？为什么？”这听起来耳熟吗？正如亨利·库克所说，“委员会可能就是一群不情愿被选出来的、也不合适的人，被安排去做一些不必要的事情。”不幸的是，教育界诸多抱怨之一就是，各种委员会太多，会议太多，却没有什么方向，成果也很有限。由于时间有限和事务繁忙，优秀的学校管理者会十分在意委员会的数量、召开会议的次数和委员会成员的数量。在最好的学校里，几乎每个人都是某个委员会的成员（最好只有一个）。委员会的数量由工作人员的数量决定，尽量将委员会的数量保持在最低限度。每个委员会的成员人数也要限制在10—12人之间，最好是5—7人，这一点也很重要。据说，会议的持续时间与参加会议的人数成正比。

委员会一旦成立，所有需要讨论的事情都应该交给预先确定的委员会来处理。这意味着不会再确立新的委员会，以避免委员会数量过多。促使我离开学校的原因之一就是我被任命为学校委员会下的某一委员会的主席。这难道不是说委员会太多了吗？！

大多数学校的委员会主要包括学科委员会、公共关系委员会、学生/教师活动委员会、助学金/基金筹集委员会、学校风气委员会、评估/评定委员会、纪律委员会、通信委员会、临时委员会和技术委员会。要想办好委员会，必须明确其目标和任务，并提供资源和时间来保证完成。

关于办好委员会，有一个重要建议是委员会主席不能来自学校管理层，但他必须得到大家的认可，并乐于担任此职。一位好的主席对于一个委员会的成功至关重要。

此外，最好的委员会做报告时通常简明扼要，并且他们会与其他利益相关者分享他们的议程。再重复一次，与同事沟通个人目的、计划和结果非常重要。

8. 制订计划的机会——如果学校管理者没有忘记自己当教师时所面临的挑战，那么他们就不会忽视计划的重要性。教师们做计划不仅需要时间，而且还需要一个地方。优秀的学校管理者会尽其所能为教师队伍提供共同的计划时间，同时也保证教师有制订个人计划的机会。有洞察力的学校管理者会努力在工作时间内为教师提供制订计划的时间。

9. 健康计划——高级管理者应有意识地为教师提供持续的健康计划。教育是有压力的，教育工作者需要时常有机会减压。我曾观察过的一位学校管理者，他不仅每月都会安排健康活动和集会，还会邀请当地的按摩师每周来学校为教师按摩，缓解肩颈酸痛。诚然，我们知道，大多数学校都无法提供这种奢侈服务。然而，我们必须照顾好我们的教师，无论什么形式，必须积极提供有利于教师健康的相关活动。

10. 重要会议——一位教师曾对我说，他希望自己在一次教职工会议上去世，因为那种会议的氛围和死亡的气氛没什么不同。听上去有些可悲，但不幸的是很多时候这也是事实。我自己参加过太多无聊、无效、毫无价值的教职工会议，真是让人感觉快要窒息。优秀的学校管理者只有在必要的时候才会开会，他们会想尽一切办法激励教师参加会议。

要想使教职工会议有效，应注意以下几个方面。

- 必须首先讨论确定什么是一次好的会议，然后制定会议流程并严格执行。
- 为工作人员提供主持会议的机会。
- 会前事先分发一份议程，但要留出空间以添加内容和讨论。
- 提前通知会议，因绝对紧急的情况召开的会议除外。
- 指定具体的会议日期，并告知所有与会者。
- 学校管理者要始终清楚这样一个事实，即每个人都教了一整天书，很可能已经“脑子不转”了。
- 留出时间解决小组讨论提出的问题。
- 成年人要参与到会议中来——而不仅仅是听别人报告。
- 会议仅在必要时召开。
- 如果有可能，进行一些门票抽奖和趣味活动/破冰活动，让每个参加会议的人都能感到轻松愉快。
- 会议准时开始，准时结束，持续的时间尽可能短。
- 指定一位记录员专门把控会议时间。这个角色由大家轮流充当，最好每个人都有机会。

- 提供食物，让每个人都能补充能量。
- 会议重点突出，有专门应对干扰的策略和方案。
- 在进入下一个议题之前，要对上一个议题进行简短的总结。
- 后续计划的讨论和实施结果，要在随后的会议上通报。
- 为每个人都提供一个有会议议程的小册子，方便他们做笔记。

示例如下：

地球上最棒的学校的教职员工会议

会议日期：________________

会议时间：________________

会议地点：________________

负责零食的团队/人员：________________

会议议题：

（最终决定、责任人）

1.宣读致敬词：校长负责

2.新的实地考察计划：地区办公室负责

3.即将到来的考试安排：教务处负责

4.关于用餐礼仪的小组讨论：各小组负责

5.日程表和小组大事更新：小组领导负责

再说一次，优秀的学校管理者并不会开“死气沉沉的会议”。他们开会都是带着目的的，且只会在必要的时候开会。他们定期与管理团队会面，如果受到邀请，他们也会参加团队会议。他们还会为各种委员会的主席提供提高会议效率的工具。当然，他们也不能容忍会议期间的不当行为（如批改试卷、玩填字游戏、看报纸、织毛衣等）。其他所有会议都遵循类似的指导方针。最重要的还是，避免过多的会议，会议前必须做好准备。

11. 令人愉悦的环境——认真对待工作的学校管理者将学校视为另一个家。因此，他们会尽最大努力打造一个宜人的环境。这首先体现在校园外观上。一个看上去赏心悦目的学校会让它周围社区的人都倍感自豪。一旦外观上的美观打造完毕，优秀的学校管理者将开始打造一个干净、清新、有吸引力、并以学生为本的校园内部环境。他们尽一切努力让食堂热情好客、教师休息室舒适干净、洗手间干净整洁、楼道走廊宽敞明亮。明智的学校管理者每周至少一次在学校里到处走走看看，以一位外来参观者或学生的眼光来观察学校环境。

12. 有意义的教师发展和培训——鼓励教师参加各种学术会议和访问其他学校的学校管理者肯定会获得丰厚的回报。需要注意的是，无论现场还是远程提供的教师发展培训都必须是紧贴教师需求的、有实效的。优秀的学校管理者会和他们的教师一起参加现场培训，以体现终身学习的重要性。教师必须参与这一类教师发展培训计划的制订和执行。

13. 安抚而不具有攻击的氛围——最好的学校随时都能感受到欣赏与鼓励。愿意花时间对教师表示感谢和支持的学校管理者才是赢家。若想了解学校管理者如何安抚他们的教师，请见第七章，那里会有很多有用的方法。

14. 积极的校园制度规划——仅就这一主题就可以写出一整本书。不管怎么说，最重要的一点是校园制度必须是积极的。其次，它必须是全校性的。优秀的管理者会积极地与教师一起规划每个人都能认可和遵守的制度。这项工作并不容易，但一旦达成，回报将是巨大的。

一份适用于整个学校的制度规划必须着重在良好的行为和有效的措施上。当学校管理者层和教师共同制订一个规划时，教师的行为将得到改善，教师的倦怠感也将减少。显然，这个规划是建立在奖励良好行为的基础之上的。我曾经工作的一所学校，那里就有这样一位受嘉奖的教师，他每天都早早到达学校，在学生进入教室之前写下自己当天的工作计划和有待完善的地方。最后，再强调一遍，全校一起努力是制订积极的校园制度规划的关键。

15. 学校团队合作——最有洞察力的学校管理者永远不会忽视学校中最重要的团队：学校团队。全美各地目前产生了一种更重视年级团队的趋势，因此一些学校忽视了学校团队的建设。优秀的学校管理者知道年级团队和学校团队并不矛盾。他们会营造一种氛围，使每个人都感觉到自己很重要、很有价值。他们赋予年级团队一定权力的同时，会确保学校团队的重要性永远不会受到损害。在一所学校，如果学校团队备受推崇，就说明学校里的所有人都尊重专业，尊重这个专业团队中的每个人。每个学科领域的专业性都被认可，每位教师都会因其所教的东西而受到赞赏。在最好的学校中，所有的课程都能得到认可，所有的教师和学生都能得到尊重。曾经有人听到一位学生说："如果艺术只是一门副科，那为什么它会成为我生活中的重要部分？"这一点就很好地说明了这个问题。

16. 职责分配——当你想了解一位学校管理者时，你可以询问他关于日程、活动、预算和职责分配的情况。反应最灵敏的管理者在可能的情况下，一定会雇用助手协助完成烦琐的事务（如清洁走廊、公交车、自助餐厅以及监督放学纪律等）。如果不能的话，他们也会和所有人的协助，轮流分担各项事务。如果某些事务有对应的团队负责处理，他们就会将任务分配给各个团队，这样，各项工作便能得到均衡的分配。

17. 家长参与机会——家长的参与对学校的成功至关重要，这一点毋庸置疑。能认识到这一点的学校管理者会定期与家长咨询小组会面，讨论如何提高家长的参与度。最好的学校是对家长友好的，并且会不断向家长传递这种信息：邀请所有家长成为学校的一员。

18. 跟踪教学和交换教室机会——有时候，最好的学习体验来自跟踪另一位教师的教学或在某一周相互交换课堂。希望提供尽可能多的学习机会的管理者会鼓励教师相互分享，鼓励教师定期观察有效的教学实践。

19. 辅导计划——作为新教师，进入新环境，难免感到害怕和恐惧，尤其是在第一年教学时。因此，优秀的学校管理者会为新教师制订持续的指导计划，帮助他们了解整个教学系统，以使他们感到轻松自在。导师可以帮助新教师学习和成长，成为学校大家庭的一分子。指导必须有计划、持续且积极。

20. 升学计划——为了保障学生升学后学业上能够无缝衔接，必须在学校内部以及学校之间进行讨论。认识到升学的重要性，优秀的学校管理者会花时间了解学生在这一阶段的学习中能收获什么。他们还会参观学生即将进入的下一级学校，花时间参加那所学校的培训，了解自己需要为学生适应下一级的学习做哪些准备。教师们之间也应该不断相互学习，分享有效的教学实践。

21. 集思广益的机会——自信且有见识的学校管理者会不断征求所有人的意见。他们会与所有人分享议程、预算和日程安排。原因有两个：第一，让每个人都能了解学校的最新情况；第二，获取意见和建议。管理者无法单独处理学校的所有事务，因此他们需要尽可能多的协助。

“随便吃”自助餐

以下几点内容一直是优秀的学校管理者的工作重点。他们在这些方面做得非常好，以至于教师们可以随心所欲地获得他们需要的东西。自助餐桌永远不会空着。

1. 沟通——沟通是学校成功的关键。对于学校事务，员工们只有了解了，才能真正参与。优秀的学校管理者与员工沟通的方式多种多样。他们会应用通信网络，借助一切可用的技术来传播信息。每周员工的邮箱中都会有学校资讯及其更新。有时打私人电话也很重要。学校管理者还必须熟悉各种沟通方式，并了解问哪种方式最有利于员工接收和处理信息。重要的是，要记住，倾听是最强大的交流工具之一。

2. 冒险——想想第一个吃牡蛎的人，他就是个敢于冒险的人！自信的学校管理者敢于冒险，并鼓励其他人冒险。他们知道失败只是一种挑战，失败并不可怕。一群敢于冒险的教师一定是一个积极主动的团体。

3. 反馈——反馈是一种力量。学校管理者有责任不断给员工提供反馈。教师想知道他们做得怎么样，他们可以如何改进，以及接下来会发生什么。

4. 赋权——敏锐的管理者懂得赋权的好处。吉姆·卡斯卡特认为赋予他人权力要考虑以下8个“T”。

• 目标（Target）：他/她是否理解并接受使命或目标？

• 工具（Tool）：他/她是否拥有完成这项工作所需的工具或信息？

• 培训（Training）：在如何正确使用工具方面，他/她是否接受过足够的培训？

• 时间（Time）：他/她是否有足够的时间使培训生效？

• 真相（Truth）：他/她知道各部分的安排吗？

• 跟踪（Tracking）：我是否提供为他/她提供了足够的反馈，以保持一切正常运行？

• 人情味（Touch）：我是否给了他/她足够的支持和鼓励？

• 信任（Trust）：我对他们的技术和专业水平是否有信心？

赋权需要时间，但一旦成功，就会建立起强大的团体。最成功的管理者知道赋权就是委派、委托，就是把事情交给他人去做。

5. 奖赏——奖赏可以增强和提高士气，确保学校成功。我认为在教育界，我们奖赏得还不够多。我们花了太多的时间谈论什么是错的，什么不管用。如果学校里的学校管理者能把目光放在才华横溢、忠于职守的教师的努力和成果上，学校就会变得很棒。通过奖赏，成就得到了认可，员工得到了鼓励，经验得到了分享。

6. 支持——支持员工的学校管理者善于鼓励、激励和赞赏。工作人员需要衷心的支持。和其他事情一样，你给予支持也收获支持。他们希望有开放的政策，他们的担忧和问题可以毫不拖延地得到解决。

7. 95%和5%的理念——再重复一次，优秀的学校管理者只会允许他们的教师用5%的时间"嘎嘎叫"（抱怨），剩下95%的时间则要用于寻找解决方案。把主要精力放在解决问题上的人更成功、更积极。

8. 幽默——幽默是快乐的表现。要经常笑，要享受乐趣。优秀的学校管理者知道，如果没有幽默感和乐趣，一天、一周、一月和一年都会变得异常漫长。如前所述，没有笑声的一天就是活得不够充实的一天。

既然我们已经研究过教师的自助餐桌了，那么管理者的“食谱”（R.E.C.I.P.E.S.,为了教育的成功，每个人都应该做出的贡献）是什么？马里恩·佩恩是佐治亚州米利奇维尔市鲍德温县的一位优秀的学校管理者，他设计了一份营养丰富的“食谱”，包括：

配料：

- 200包每日所需的认可和尊重
- 200罐每日所需的交流
- 30杯职业和个人发展的机会
- 400罐幽默和微笑
- 200包每日所需的支持和赞美
- 100片反馈
- 200片健康
- 100片赋权

步骤：

将以上所有内容混合在一个大容器中，不停搅拌，每天端上桌前加热。可以用一些专业精神和拥抱来点缀。

或者试试另一个美味的“食谱”。

领导者的字母汤

配料：

- A——接受和承担责任
- B——对自己诚实
- C——沟通，关怀，奖赏
- D——不要被成功冲昏头脑
- E——赋予其他人权利
- F——专注于解决方案和取得成功
- G——得到所有人的支持
- H——帮助他人成长、学习和进步
- I——放眼长远
- J——要不惜一切代价
- K——了解你的压力信号
- L——倾听、关爱、大笑
- M——激励自己和他人
- N——永远不要忘记你为什么从事教育职业
- O——打开你的眼睛、耳朵、头脑、心灵和门
- P——在回应之前先了解事情经过
- Q——提问、提问、提问
- R——尊重所有人
- S——追求卓越
- T——认可自己的价值

- U——施展你的才华
- V——将成功具体化
- W——积极合作
- X——预见挑战和障碍
- Y——渴望学习
- Z——消除负面消极因素

步骤：

全部混合在一起，每天大量供应。端上桌前加热。

总而言之，如果一所学校的管理者一丝不苟地烹饪膳食，那么所有相关人员都能成就大事。在营养充足的学校，高出勤率占主导地位，积极的态度蓬勃发展，沟通毫不费力且持续不断，主人翁意识普遍存在，人们的自豪感显而易见。一所营养充足的学校就是一所充满尊重的学校，在这里每个人都很重要。

> 当校长从试图控制他人的负担中解脱出来时，教师才会更加投入、更善于自我管理。越是强调专业精神，越不需要领导力；越是强调领导力，专业精神就越难发挥。
>
> ——托马斯 · 塞尔乔瓦尼

Chapter 6

第六章

如果你忍受不了高温，那就离开厨房——优秀学校管理者要善于应对压力

> 在压力下呈现出来的才是真正的你。
>
> ——韦恩·戴尔

对精神错乱最有意义的定义之一就是一遍又一遍地做同样的事情，却期待得到不同的结果。听着像是在说你认识的人，对吗？在教育中，我们经常不愿承认的一个事实，就是我们的教育计划并不奏效。结果导致很多教育工作者倍感压力。如前所述，只有一种人不会有压力，那就是已经不在这个世界上的人，很遗憾吧？这个行业到处都有压力，正如本章标题所说，“如果你忍受不了高温，那就离开厨房”。如果压力太大已超出你能应对的范围，要么改变你的想法、要么改变你的行为，又或者改变你的职业，选择权在你。

据估计，美国每年要投入数十亿美元用于解决因怠工、人才流失和工作质量不佳而引起的问题。倦怠和压力的增加最终会对我们最珍视的宝贝——儿童产生负面影响。教育管理是一项压力很大的工作，然而，最博学的学校管理者会学着平衡他们的职业生活和个人生活，以避免积劳成疾。

什么是压力？压力是“一个人的头脑在对抗身体想要掐死某个该死的混蛋的欲望时所造成的混乱”。或者，更专业地说，它是身体对不愉快事件的模糊反应。无法控制的压力可能会让人变得痛苦，这是很不健康的。学校管理者需要关注压力问题。压力过大的管理者可能也会给教师造成过大的压力，教师进而将压力转嫁给学生，而最终产生深感压力的家长。因此，关心自己、教师和学生的学校管理者一定会关注压力问题，不惜一切代价找到缓解压力的方法，并给教师提供减压的机会。

识别高压力的征兆很重要，它们包括：

1. 行为和态度的异常。

2. 旷工和怠工。

3. 对学校、同事和任何新举措持消极和抱怨的态度。

4. 面对工作有抵触情绪。

5. 易怒。

6. 对任何活动都缺乏兴趣。

7. 明显缺乏规划和准备。

8. 总是看着很疲惫、沮丧和不开心。

聪明的学校管理者会在监控自己的压力水平的同时，密切关注教师的压力水平。压力是心脏病、不健康的生活方式、疲劳、紧张和绝望产生的主要原因之一。我们必须善于调解压力。用积极的态度应对压力，有三种选择：一、改变现状；二、摆脱现状；三、学会不受现状的影响。如果这三个选项都没有成功，那么这个人就是失败的，而且可能还会给其他人带来不利影响。

压力的来源有哪些？很多时候，我们可能会成为自己最大的敌人。以下是一些可能导致不健康的压力的个人信念。

1. 我必须是完美的，并且达到最高标准。

2. 我害怕失败。

3. 我害怕成功。

4. 我配不上别人。

5. 我比其他人都好。

6. 我不需要学习其他任何东西。

7. 我必须在没有别人帮助的情况下独自完成所有事情。

8. 我不信任别人。

9. 每个人都必须爱我，尊重我，这样我才是成功的。

10. 我是个失败者。

11. 这个世界是一个穷凶极恶之地，到处都是坏人。

12. 有太多事情让我担心。

13. 没人赏识我。

14. 那是行不通的——过去行不通，将来也不会行得通。

15. 如今的孩子们都很冷漠。

这种消极的自我暗示和灾难性的想法给我们带来很大的压力。而积极的自我暗示能够使人以乐观和勇敢的态度面对问题。在我们这一行，大部分压力都是由问题和挑战造成的。因此对问题和挑战进行彻底的反思和分析也是管理压力的一种有效策略。一位压力很大的学校管理者可能需要先花一些时间考虑并回答以下问题。

1. 我目前的压力有多大？

2. 目前让我苦恼的主要问题是什么？

3. 我怎样才能清楚而具体地描述这个问题？

4. 我的哪些优势可以帮助我解决这个问题？

5. 为了解决问题，我已经尝试做过什么？

6. 我目前对这个问题的态度是什么？

7. 要解决这个问题，必须做出哪些改变？

8. 我怎样才能做出这些改变（制订一个详细的计划）？

9. 为了实现改变和解决问题，我需要哪些资源？

10. 我能做些什么，才能让我的改变计划更具创造性、想象力和幽默感？

11. 我什么时候开始做出改变，什么时候完成改变？

12. 我是否只花了5%的精力在发现问题上，而将95%的精力放在寻找解决方案上？

13. 我需要哪些反馈（来自个人或同事）才能知道我做得怎么样？

14. 我做得怎么样（评估这个计划）？

15. 我现在的压力如何（再次评估）？

再次强调，意识到压力并找到造成压力的原因，你就已经成功80%了。一旦制订出计划、实施了解决方案，评估出结果，压力就已经开始释放了。我们认识的人当中还有那么一些人似乎从来没有压力。他们看起来很理智。通过观察、交谈和阅读，我发现理智（SANE）其实就是自律，和培养心智。这一类型的人是那些放眼未来、享受工作的教育工作者。他们充满激情、充满活力、以学生为本，他们每天的工作都超越了人们对他们的常规要求。

他们同样面对着诸多挑战，比如公众的高度关注和过度批评；面对着各种社会问题，比如那种以为教育能够解决所有社会弊病，能弥补糟糕的父母教育的期望；他们也处在资源匮乏、培训不足、时间紧张、校舍过度拥挤的现实中，但他们还是会顽强地坚持下去。他们是怎么做到的呢？平衡，平衡生活的方方面面。观察理智者的一天，你会学到一些宝贵的人生经验。他们更关心的是存在（being，成为怎样的人），而不是行动（doing，如何与世界互动）。正如戴尔·卡耐基曾经说过的，“如果不主动成为你想成为的人，那么你就会不自觉地成为你不想成为的人”。比起可能的未来，理智者更关注此时此刻的实际情况，因为他们明白质量比数量更重要。

通过走访、观察、了解和咨询，我列出了一份理智者行为清单。优秀的教育工作者会不断实践这些行为，直至内化为习惯。

策略1：自己调解压力。结果不受控制，但选择权在你。理智者做选择时会非常谨慎，以避免因结果而带来的额外压力。他们不依赖他人来缓解压力，他们专注于结果。态度决定生活质量，幸福和富有成就感的生活来自感恩的态度。一个人生活得如何完全在于他自己的选择。

策略2：知道自己何时工作负担过重。理智者知道自己何时需要进行重新规划和改变。对于一些事情他们会说“不”，他们能够识别出疲惫的征兆。为了自己和自己生活中的其他人，他们会尽力采取措施避免过度劳累。

策略3：安排好自己的时间和做事的优先次序。人有时候可能在不停地行动，却没有任何进展。要想有效率，你必须知道你想去哪里，并且有一个实现目标的计划。理智者会设定目标，明确使命，并确定优先次序。他们知道自己的方向，并且锁定了自己的目标。他们每天都有具体计划，会按照优先顺序确定5到7个待办事项。在已确立的待办事项完成之前，不再给自己添加其他待办事项。

策略4：活在当下，不停留在过去的问题、错误和/或怨恨上。我们不能改变过去，也不能预测未来，所以最好活在当下。昨天是历史，明天是个谜，今天是礼物——所以我们称“现在”为present（礼物）！停下脚步，闻闻玫瑰花香。歌颂生活，不要被消极情绪淹没。别让那些“鸭子”（致力于批评和扼杀成功的人）影响你的心态。充分利用每一天，不要把时间花在自哀自怜上。埃尔伯·哈伯德曾写过："停滞不前就意味着过去变得比现在或未来更重要。"

策略5：专注于解决方案，而不是在困难面前低头。我们当中有多少人去到教师休息室却发现那里是一个鸭塘？（嘎嘎，嘎嘎，嘎嘎！）不幸的是，一些学校就有那样一个池塘，教师们在那里争先恐后地谈论骇人听闻的故事、大声批判或是愤世嫉俗地指责着。理智者会不惜一切代价避开池塘，努力成为问题的解决者，而不是问题的创造者。

策略6：在评判别人之前，自己会先仔细照照镜子。比起重新审视自身，找出别人的错误简直毫不费劲。理智者在批评或谴责其他人之前会先进行自我反省。他们明白，每个人在生活中都会遇到问题，只有设身处地为他人着想，才能真正理解别人的问题。他们知道犹太人有个故事说，如果要求我们坐成一圈，把我们最大的困难放在中心，每个人都会照做，然而如果让每个人从中挑选一个来承担，那么大多数人都宁愿选择自己的那个困难。

策略7：寻找他人的长处和能力。我们每个人都有尚待发掘的天赋——尚未展示的才华、能力和成就。理智者会在发掘自身天赋的同时，在同事、学生、父母和生活中遇到的其他人身上寻找天赋。

策略8：自愿承担风险，经常走出舒适区。生活中唯一不变的就是变化。他们充满热情，乐于尝试。他们寻找新的方法和灵感，把未来看作激动人心的挑战。正如查尔斯·凯特林所写："我们都应该关注未来，因为我们的余生都必须在未来中度过。"

策略9：照顾好自己。要想在从事像教育这样困难和具有挑战性的职业时获得成就感，就必须照顾好自己。教育不同于寻常工作，要求很高。只有理智者才能在其中收获成功，因为要想培养心智健全的孩子，教师的心智也必须是健全的，理智者恰好符合这一要求。他们热爱运动、乐于朋友、注重精神上的满足、懂得合理消费和生活充满欢笑。明智的教育者会让自己的每一天都变成一种享受。

策略10：生活中遵循一系列的“禁令”。理智者并不同意“绝不说不”这句古老的格言。他们的个人生活和工作都以品格和正直为基础。因此，他们完全相信有些事绝不能做。

- 绝对不要用伤人或有害的方式说话或对待他人。
- 绝对不要要求别人做你自己不会做的事情。
- 绝对不要贬低、羞辱学生或同事。
- 绝对不要忘记你从事教育事业的原因。
- 绝对不要停止学习和进步。
- 绝对不要忘记做学生的感受。
- 绝对不要过没有生活、没有爱、不学习和不欢笑的日子。
- 绝对不要忘记这份“绝对”清单。

策略11：努力创造一个积极的、以成功为中心的环境。理智者会营造出一种有利于成功的氛围，在那里每个人都有归属感，每个人的独特性都得到认可。他们可以清楚地表达自己的期望。他们相互鼓励而不是相互批评，他们关注个人的天赋而不是他们的不足。他们行为理智，并认为需要纠正的是不当行为本身，而不是有这种不当行为的个人。他们抱有很高的期望，有爱心、有热情，有自信。

策略12：真正热爱自己的生活和职业。有些人不喜欢待在理智者周围，因为理智者每天都充满活力，他们享受成为学校“大家庭”的一分子。他们喜欢在社区中分享学校的优势，并为新的创新举措鼓掌。最重要的是，对于生活，他们是积极参与者，而不是旁观者。

策略13：很快乐（一年到头都保持讨人喜欢的个性）。理智者有着最好的心态，这种态度很有感染力。他们对自己的工作和工作能力心存感激。他们知道自己从事着当下最重要、最有影响力的职业。他们总能给别人的生活带来欢乐。

策略14：了解压力，并且有坚实的个人信仰体系。理智者知道什么时候应该休息和反思。他们把压力转化为动力，并在工作之外有自己的业余生活。值得注意的是，他们能够识别压力的征兆，并注意保持平衡。他们的信仰提醒他们：

- 对他人的行为表示赞赏（你付出什么就会得到什么）。
- 花点时间告诉你生命中的人，你爱他们，感激他们。
- 不要放弃，不要屈服于消极情绪——这只会增加负面压力。
- 将家人和朋友视为珍宝，与他们共度美好时光。
- 睁大眼睛，开阔思想。
- 努力理解他人，从而更好地理解生活。
- 倾听，倾听，倾听（做一个优秀的倾听者比什么都强）。
- 忽略那些“鸭子”。
- 记住，目标是有最后期限的梦想。永远不要停止做梦。

理智者无处不在。他们是让世界变得美好的人。最精明的管理者每天都在努力变得理智。他们知道，有时自己是问题所在，有时自己是挡风玻璃！自己处理任何情况的方式将决定自己的生活。

此外，我们称之为“鸭子”的人也无处不在。他们在餐馆、机场、杂货店，甚至是学校里。这些人只占一小部分，但他们的嘎嘎声往往异常响亮。你在教职工会议上可以听到他们“打压”新的想法，可以听到他们在鸭塘里发表诋毁性言论，也可以听到他们在教室里抱怨个不停。如果学校管理者给这种人一张20美元的钞票，他们会抱怨道：“一张20美元的钞票（嘎嘎，嘎嘎）！为什么不是两张10美元的呢？”（听起来耳熟吗？）那么，优秀的学校管理者和员工如何与这些“鸭子”打交道呢？很简单：

1. 无视他们。很多时候他们只是想得到关注。如果无视他们，他们就会去另一个池塘。

2. 直面他们——“你在嘎嘎叫。”问问他们是因为真的想要改变还是只是想听自己嘎嘎叫。讨论一下他们消极的态度。有时，一次专业和保密的意识讨论可以发挥作用。

3. 试着弄明白他们为什么嘎嘎叫。正如史蒂芬·柯维所说，“先理解别人，再争取别人理解自己”。有些人因痛苦而选择回避。他们的消极行为是掩盖真正问题的幌子。作为有爱心的专业人士，我们愿意尽一切可能帮助他人。

4. 给他们分配一项重要任务。有时候“鸭子”们手头的时间太多了。他们没有被赏识的感觉，才能无法被利用。通过给他们安排一项重大的任务，他们可能会觉得自己很重要，也很有力量。

5. 与他们私下交谈，制订一个积极的行动计划。在严重情况下，如果有人对他人产生重大负面影响，成功的学校管理者必须采取行动。对嘎嘎声一直容忍只会鼓励这个人变得更加消极。学校管理者有责任处理影响学校风气的一切问题。

6. 寻找鸭子。试着安排所有人寻找身边的鸭子。当一个人开始嘎嘎叫时，其他所有人都模仿他，学着他那样嘎嘎叫。这甚至可能会让一只鸭子发笑。

7. 开始一项“领养鸭子”的计划。把这个人和一个积极的人配对。当鸭子发出嘎嘎声时，领养人要去安抚他们。领养者会平静地对鸭子说：“冷静点，这只是一份关于研讨会的备忘录，没什么大不了的。”创建伙伴系统对于大家愉快工作确实很有帮助。

8. 别让他们毁了你的一天。最重要的是，这是你的一天，你不能让任何人毁了它。要帮忙，要倾听，但也要有限度。在某个时候，你可能不得不继续前进，让这个人自己划水。

压力是真实存在的，我们必须积极面对。优秀的学校管理者会努力调解压力。调节压力的方法在前面的内容中我们已经讨论过了。不过，在调解压力时，有一个前提条件，值得我们进一步关注。显然，最有洞察力的管理者都知道我在说什么——幽默感。

没有幽默感的人是无法成功在教育事业中生存下来的。幽默感是战胜压力的必要条件。没有幽默感，你就会被压力吞噬。有了幽默感，优秀的学校管理者就可以学会处理所有情况，学会放松。与各种各样的氛围一样，学校管理者应该将自己学校的氛围设定为幽默。

众所周知，幽默对健康的好处是公认的。我们知道，笑产生的生理效应可能包括以下几个方面。

1. 大脑中内啡肽的产生

2. 促进深呼吸，将氧气输送到血液中

3. 放松紧绷的肌肉

4. 免费的面部拉升

5. 腹部运动（比仰卧起坐容易）

6. 降低血压

7. 好心情

8. 更多的欢笑

幽默感包含以下一些特征。

1. 幽默感是自我嘲讽的表现。

2. 幽默感是一个人在任何情况下都能找到乐趣的能力。

3. 幽默感在和别人一起大笑时，就能获得。

4. 幽默感在能讲笑话的人身上表现得很明显。

5. 幽默感是在绝望的情境中看到光明的能力。

6. 幽默感是紧张时期的“安全阀”。

7. 幽默感对“滋养”他人的能力至关重要。

学校管理者要想在充满挑战的职业中生存下来，幽默感必不可少。可以尝试以下几种方法，找到你的幽默感。

1. 早上起床前放声大笑。以笑声开始每一天。

2. 每天告诉别人一些有趣的事情。

3. 每天至少每小时微笑一次。不想笑吗？那就一直假装，直到你成功。

4. 想笑就不要等。今天就开怀大笑吧。

5. 每天至少玩耍一次，在生活中寻找乐趣。如果找不到乐趣，那就创造它吧。

6. 给最需要拥抱的人一个拥抱（一个非接触性的拥抱，比如一个微笑、一句友好的话或拍拍后背，也同样有效）。

7. 慢慢来，一步一步来。生活是一场冒险，而不是目的地。

8. 坚持写幽默日志，记录那些有趣的事件。幽默无处不在。

9. 做一个胜利者——而不是一个牢骚满腹的人。（你有足够的奶酪来搭配你的牢骚吗？）

10. 让幽默成为一种习惯。

记住，从来没有人死于欢笑。一所快乐的学校是一所“有所为”的学校。要坚持让积极的心态、健康和幽默必须成为你日常生活的一部分。在结束关于压力的这一章时，我想和你分享我个人最喜欢的15种减压方法，它们可能会让你压力减轻，笑容满面。好好享用吧。

去减压吧。这是你应得的。

15种减压方法

1.给自己写一份备忘录，祝贺“你”成为如此优秀的专业人士。

2.组织一场“哼唱会”。哼唱的时候很难感到压力。

3.不盖盖子就爆爆米花。

4.把已经完成的事情列个清单。

5.坐下来歇斯底里地大笑。

6.在上班时给自己送花，并在卡片上写上“来自秘密仰慕者”。

7.给同事一个“独一无二”的惊喜。

8.给三个似乎很难“振作起来”的人讲至少三个笑话。

9.想象一下你暑假要做什么。

10.拥抱你的老板，感谢他的好意。（请注意：拥抱前先征得同意！）

11.通过对讲机呼叫你自己，不要掩饰你的声音。

12.坐在办公桌前，为双手涂上护手霜。

13.和同事一起开车时，打开雨刷。

14.在教师休息室练习用传真机和调制解调器发出噪声。

15.在所有句子的最后写上“与预言一致”。

如果你能做到以下几点，便能实现卓越：

比明智的人更用心，

比稳妥的人敢冒险，

比实际的人爱做梦，

比止步于可能的人有更多期待。

——佚名

Chapter 7

第七章

餐后甜点——保持对教师的支持、鼓励和奖励

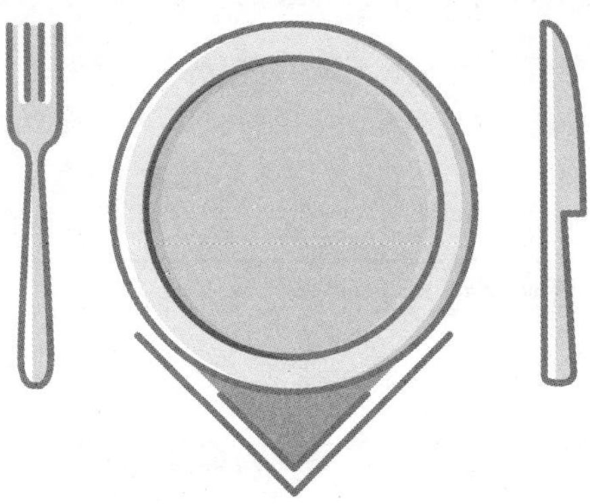

> 除了性和金钱，还有两样东西是人们更想要的——认可和赞扬。
>
> ——玫琳凯·艾施

优秀的学校管理者知道从工作中获得满足感的重要性。教师希望被赏识、被尊重、被重视和有自主权。当学校管理者花时间去沟通、关心和“喂养”教师时，就会产生惊人的结果。

一位积极的学校管理者会让教师知道，努力是值得赞赏的，失败不是致命的，有趣且有收获才是关键。这些掌握了诀窍的管理者会花时间去欣赏，并因其观察、倾听、支持和鼓励的能力而受到称赞。

还记得我在第四章提到的“糟心一日档案”吗？直到今天，我仍坚持记录“糟心一日档案”。每次当我想辞职不干，去当服务员或经营一家服装店的时候，我就会仔细阅读我的档案。再重复一遍，这里面有来自学生、同事、管理人员、家长甚至陌生人的鼓励、感谢、赞赏和关爱。大约10—15分钟后，我就会觉得我进入了正确的行业——拥有最好的职业。这是让我保持动力的“甜点”。

影响他人的行为是很困难的。这是一个漫长而乏味的过程，但改变是有可能的。有决心的学校管理者不想放弃任何一个人，并会尽一切办法将“鸭子”转变为“老鹰”（对每位学生的成长和学习起到积极作用的教育者）。“甜点”部分是一顿饭中最有趣的部分。不过，教师首先必须有的吃（F.E.D.，每天被滋养），这一点很重要。珍妮特·菲利普斯是我的一位挚友，也是加利福尼亚州弗雷斯诺的一位出色的管理者。她为我们展示了以下“甜点”——一个供你选择的列表，其中一些可能正好适合你的需要，而另一些可能不适用于你的学校。最重要的是要使让员工感受到这是一种持续的，而不仅仅是一年或一周才进行一次的活动。另外，请记住——这些“甜点”不含卡路里，且值得你付出所有的努力。

1. 举办教职工生日派对庆祝活动——让员工的生日变得更有意义。别忘了那些在节假日或周末过生日的员工。

2. 组织全年和/或假期的“秘密伙伴”活动——让教师全年相互滋养。最好确保礼物周到、有趣但不昂贵。

3. 设置“你需要开怀大笑”奖——从一份俗气的恶作剧礼物开始，在全体教师中传递。把它送给那些正在经历困难、压力过大或只是需要笑一笑的人。

4. 举行“又一个美好的一周”咖啡和小吃品尝会——以分享成功和欢笑的庆祝活动结束这一周。

5. 组织小组讨论，寻找解决挑战的方法——当遇到挑战时，请志愿者寻找解决方案。鼓励“跳出框框”的思维方式。

6. 设置建议/问题/顾虑箱——设置一个意见箱让教师可以写下他们的建议、问题和顾虑。在会议上讨论或通过书面交流解决。

7. 开展“感谢今天”茶点和午餐——花点时间反思和庆祝。

8. 做好清洁，维持教师休息室的干净整洁——让教师休息室成为一个令人愉快和充满积极能量的地方。拆除“鸭塘”，鼓励营造一个快乐的环境。

9. 保持每月健康会议的举办和健康信息的更新——设置一个健康委员会或健康部门，每周交流健康信息。为教师提供最新的健康信息、好的食谱和让自我感觉更好的方法。

10. 发放“请教师吃午饭”“免校车值班”和“放松时间”优惠券——组织抽奖或随机分发的“感谢卡”。工作人员在任何时候都会很感激自己可以从一项任务中解脱出来。

11. 交换一天或一周的教室和/或作业——学校团队共同合作，尊重所有人。通过“换位思考”，员工们可以学会欣赏自己的同事，有时还会意识到“别人家的草并不总是更绿”。

12. 跟班一天——在专业的环境中，应该保持持续的相互学习。由代课人员、管理者或区级人员上课，员工跟班学习，教师可以学到很多东西。

13. 做一天学生——最好的学习方法之一就是体验一天学生的生活。同样，由代课人员、管理员或区级人员上课，可提高所有人的体验。

14. 设置表彰公告牌——设置一个可以展示教师的成功和成就的公告牌。例如，如果一位同事的孩子刚刚从大学毕业，就可以在公告牌上公示，以示祝贺。

15. 坚持每天换装扮（反着穿衣、戴帽子、和学生穿得一样，等等）——不惜一切代价让学生看到学校里的成年人也是普通人。

16. 举行“一日校长”活动——通过推选或随机抽选，每月或每周一次让一位教师担任一天的校长。这样的角色交换，会让管理层获得前所未有的尊重。这天管理者则可以为该教师代课一天。

17. 评选月度最佳教师——这点要求学校具有高度的团队精神。由一群学生担任“评委”，每月评选出最佳教师。被选中的教师将接受采访、拍照，并在当月享受特别待遇。

18. 设置“向你致敬”奖——设计一顶俗气/有趣的帽子，送给教师以表彰其成就。她/他在当天必须戴着它。

19. 设计一本教师食谱——这是一个很好的食谱筹集活动。让教师，可能还有家长/学生来分享他们最喜欢的食谱。

20. 组织读书会或期刊讨论活动——我们都想阅读并了解更多。一个很好的联系、成长和分享的方式是通过开展读书会来讨论最近的一本书或期刊。这是一种有趣的学习和聚会方式，可以每月一次或每两个月进行一次。

21.建立覆盖全校的电子邮件和语音邮件系统——懂技术的学校管理者希望拥有技术的教师。努力建立尽可能多的通信手段。

22. 举办一个“抱怨加奶酪”的聚会——你的教师中是否有人因工作生活有较大的变故而压力过大？将所有人都聚在一起，一边抱怨，一边吃奶酪和喝饮料。只要抱怨结束后95%的时间都花在解决问题上，抱怨也是可以接受的。

23. 开展“认可教师”计划——邀请家长和附近社区的人负责认可一位教师。在接下来的一年里，他们要一对一对教师表达感激之情，并为教师发放全年的福利。理想的安排是让每个教师都能得到认可。

24. 邀请一位教师到你的办公室——留一张纸条说明你希望在某个时间见见这位教师。在他进入你的办公室时，请他喝点饮料、吃点零食。接着谈一谈你欣赏他的哪些地方。留出足够的时间闲聊，也可以请教师提些问题。在他们的人事档案中写下积极的记录。

25. 鼓掌欢迎——当教师走进学校大门，或进入学校大厅参加教职工会议时，可以鼓掌欢迎某一位优秀教师。随后奉上些零食或其他小奖励。

26. 主动联系教师——在周末或晚上抽出时间在家给教师打个电话。告诉他们你欣赏他们什么以及为什么。

27. 在开学之初举办一次“我的袋子”活动——花点时间进行这个破冰活动，它会很吸引人。每位教师都要带上一个袋子，里面装着3—5件从家里拿过来的、能让大家对他们有一个完全了解的物品。每个人都必须参与且有时间准备。此外，必须为这次展示设定一个时间限制，并且必须为每个人分配足够的时间来展示他们袋子里的东西。如果活动需要一天以上时间，那就化整为零，在平时随机抽时间做。通过这次活动，教师们将对彼此有更多的了解。

28. 安排一场教职工才艺展示会——再说一遍，教职工身上有很多隐藏的才能。学生们喜欢看到成年人的另一面。

29. 组织一场教职工和学生之间篮球或排球比赛——组织学生同教职工们对抗赛。这也可能成为一个很棒的筹款活动。

30. 请学生用横幅、自己制作的标牌和彩带装饰教师的休息室，向教师展示学生们有多感激他们——让教师真正看到学生的感激之情是很重要的。允许学生组织庆祝活动。

31. 使用便利贴疗法（我爱便利贴）。最好的疗法是快速写一张积极的便条，然后把它贴在桌子、咖啡杯或挡风玻璃上。简单、快捷、便宜、有趣。

32. 命名学校的不同区域——使用教职工的名字，命名校园的不同区域。那一定既有趣又有创意（例如詹姆斯·戈蒂埃走廊）。

33. 策划一场吹牛早餐会——邀请教师共进早餐，分享个人的成功或其他同事的成功。

34. 举办一场健康展会——通过与合作伙伴以及社区/家长联系，为教师举办一场健康日活动/健康展会。安排血液检查、胆固醇检查和其他各项检查的机会。请分享健康生活技巧的社区人员也参与进来。通过在工作场所进行全面的筛查，许多人的生命可以得以挽救。

35. 在每位教师的邮箱里放一朵玫瑰花——放一朵花并留一张纸条，上面写着“这朵花献给你”，并附上感谢的字句。

36. 制订校园美化计划——与社区成员和企业合作，邀请他们帮助保持校园的美观和宜人。请家长或学生捐赠一棵树、灌木或植物，或者以一位员工的名义种植，并举行认领仪式。当然也可以邀请媒体的参与。

37. 在会议上加入抽奖和幸运奖环节——教育是一项重要的事业，所以我们必须尽可能让它变得有趣。杰夫·加思韦特是位于佛罗里达州彭萨科拉的沃灵顿中学的一位优秀管理者，他总是会在教职工会议上设置幸运奖和免费礼品。他还会进行智力游戏和猜谜游戏，工作人员如果知道正确答案就可以赢得奖品。

38. 为教师安排聚餐和看电影活动——一个了解同事的好方法就是和他们共度一个晚上。一家有趣的餐厅和一部好电影可能会很有效。但是，请始终记住，并不是每个人都会参与，这没关系。

39. 组织一次教师出游——预先安排一次校车出游，给教师一次惊喜。邀请全体教师在校车上找个座位，然后载他们走完学校每个学生上学的路线。在这个过程中，他们会学到三样东西：（1）学生来自哪里；（2）学生上学花在校车上的时间；（3）校车是否舒适。活动结束之后，可以找当地一家餐厅，大家一起用餐。

40. 实施持续默读计划——该计划为教师提供了一个定期阅读的机会。每天在指定时间用15—20分钟让学校里的每个人安静地阅读。这对学生来说是一种很好的示范。

41. 开启教师锻炼计划或与当地水疗中心/健身房合作——在我们这一行，健康是最重要的。任何为教师提供健康项目的努力都是值得鼓励的。

42. 为教师提供特殊停车位——通过一个特别的活动或随机抽签，允许胜出者在特别指定的停车位停车一周。可以把他们的名字写在一块牌子上，以“保留”他们的位置。

43. 允许每位教师有一天的时间可以做特别的安排——为每位教师安排一位代课教师，这样他们就可以有一整天进行灵活安排。这应该属于对规定日程的补充。

44. 安排一个“我们必须进洞”派对——当教师感到疲惫、需要激发活力时，在趣味高尔夫球场安排一场教师高尔夫锦标赛。每个人都可以参与，这会让疲惫的人重获新生。

45. 鼓励教师展示和发表作品——为教师发表文章、出版书籍表示祝贺。此外，也要奖赏那些在学校会议或研讨会发言的员工。

46. 在当地报纸上购买整个版面——在新学年开始或一个学年结束时，在报纸上登载员工们的合照，并附上一封感谢信。如果由家长来组织，效果会更好。

47. 不断建设、完善一个可以帮助教师专业发展的图书馆——为教师提供专门的阅读和学习场所。鼓励教师分享他们希望订购或已经拥有的资料。

48. 举办一个“你值得称赞”活动——当有人做了一件令人钦佩的事时，送给他一大块布朗尼和一杯软饮料作为奖励。并附上一封感谢信。

49. 实施强有力的家长志愿者计划——无论哪个年级，如果组织得当，成立家长志愿者团队是有可能的。再说一次，当父母成为学校的合作伙伴时，回报将是无穷的。

50. 在每位教师的办公桌上或信箱里放一个苹果——附上一张纸条，上面写着：“一天一苹果，压力远离我。”

51. 让管理人员为教师准备早餐和/或午餐，这是一种字面意义上的滋养活动。

52. 设置“发现你在做好事”公告板——给员工拍照、写字条，或者做其他任何事情来表彰团队成员的努力。对学生来说，可以设置一个“发现你在学习”公告板。

53. 让学生们为教职工设计特别的感激徽章——学生们太有创意了。成立一个学生俱乐部或组织，让他们一起为教师制作感谢徽章。

54. 每天都有积极的开场和结束活动——通过“当日想法”“当日笑话”“当日词汇”等积极的方式开始新的一天。花时间以积极的收尾活动结束这一天。

55. 分发拥抱优惠券——如果你觉得真正的拥抱不舒服，可以设计一张证书或优惠券，上面写着：“给你一个拥抱，因为……。”教师可以用优惠券在自助餐厅兑换一杯橙汁或一些零食，或者每周/每月参与抽奖一次。

56. 举行“带宠物去上班”日——我的学生很喜欢听我讲我的宠物，也喜欢见到我的宠物。这可以让学生知道教师也是普通人。一项有趣的活动是在墙上展示所有教师宠物的照片，举办一场“为宠物找主人”大赛。

57. 举办一个自制冰激凌圣代派对——当教师参加会议或策划活动时，准备好制作圣代的所有原料。来一场“最具创意圣代”大赛。

58. 制订教师休假计划——给教师静修机会，让教师离开校园和教室去反思、学习、挑战和欢笑，这是对教师成长最佳的投资。

59. 为教师准备“你今天应该休息一下”午餐——从当地一家餐厅订午餐，给教师一个惊喜。

60. 拨一笔款或与当地的商业伙伴合作完善教师办公设备——教师应该成为21世纪的教师。因此，他们需要笔记本电脑和打印机。重视现代科技的管理者能够认识到尽一切可能为教师提供必要资源的重要性。

61. 分发一份“什么能让你的工作更容易”的表单——让教师有持续的机会来分享需求。然而，如果只是让他们提了却无法满足，那你就不要问这个问题。

62. 记录一份实时的、可见的、以学校事件为主的日历——目标是杜绝临时起意，让每个人都知道学校的各项活动。要求团队轮流负责日历更新。

63. 开会时永远要有食物和点心——简单的点心和饮料就能表示“我关心你”。

64. 与按摩师合作——邀请一位当地的按摩师每周带着按摩椅来学校一次。教师可以在按摩师到来之前报名。通过按摩，帮助教职工消除脖子和后背的酸痛。

65. 让教师有地方可以接听私人电话——能够轻松接听私人电话很重要。工作人员可能会遇到紧急情况，接到棘手的家长的电话，或者有不想与他人分享的个人需求。最理想的情况是在每个团队或部门都安排一个封闭的地方供教师接听私人电话。

66. 为教师提供一个可以与家长和委员会会面的地方——管理者应该知道计划和召开家长会的重要性。因此，最明智的管理者会尽一切可能为双方提供一个舒适的环境。

67. 允许校外午餐——偶尔允许教师离开学校进行部门聚餐，将它作为对教师的奖励。令人惊讶的是，教师们回来后会感到精力充沛。

68. 提供足够的资源和物资——有能力的学校管理者知道物资和资源是培育教师的基本要素。他们密切关注预算、合作伙伴关系、赠款和其他财政支持手段，以确保教师不会因购买自己的物资和材料而破产。

69. 设计全校性的标志和座右铭——被“喂养”的教职员使用的东西应该都印有学校标志和校训，比如印有笺头的信笺、便笺本、海报、铅笔、衬衫和其他物品。在某些日子，鼓励每个人都穿这种衬衫。

70. 安排牛仔裤日——几乎每个人都喜欢穿牛仔裤。虽然优秀的学校管理者一般号召和要求教师“为成功而着装”，但他们也会灵活行事，每周/每月至少允许教师有一天可以穿牛仔裤。

71. 设计印有学校标志和教职员名字的咖啡杯——我们都喜欢看到自己的名字。一个简单的印有某人名字的咖啡/茶杯能传递一个强有力的信息。

72. 邀请学生清洗教师的车窗，并在雨刷下留下感谢字条——学生喜欢参与其中。通过学生服务俱乐部或家长项目，花点时间清洗教师的汽车挡风玻璃。

73. 请家长给教师写积极的便条——通过与家长的沟通，鼓励他们感谢值得感谢的教师。

74. 邀请当地的合作伙伴/商店捐赠优惠券给教师——请求、恳求和乞求当地的组织、公司和企业捐赠任何东西来奖励教师。

75. 分发“积极态度”徽章——当教师表现出积极态度、态度转变或新的态度时，就赠送一个简单的（不贵的）徽章。

76. 计划和实施一个线下小型会议——安排一天举办一个有助于教师专业发展的小型会议，由教师来培训教师。让每个人都参与进来，包括一些主流媒体。很有效。

77. 组织持续的指导计划——通过开发和实施持续的指导/培训计划，花时间为新教师做准备。当有学校的老员工参与进来时，新教师会感觉受到欢迎和鼓励。

78. 组织教师参加专业培训会议，由学校向机构支付会员费/会费——只要能提高教学，无论什么会议，都是有价值的。尝试为此项支出安排一份特别预算。

79. 举办周年晚会——通过周年晚会来表彰教师过去一年的工作。当然，也可以准备一些恶作剧礼物。

80. 用“勇气徽章”奖励勇于冒险者——鼓励和奖励那些勇于创新的人。一个真正有创造力的学校管理者甚至会在颁奖时打扮成胆小的狮子。

81. 诚恳地征求意见——永远不要就已经做出的决定征求意见，调查和问卷的结果也一定要公布。

82. 示范“改变是好的和健康的”——一个很好的方法是让教师每5年换一次教室和办公室。这可以让每个人都呈现出新的精神面貌，还能迫使人们扔掉一些东西。

83. 建立一个“轻松一刻”公告板——这提供了一个让每个人都可以分享漫画、微笑和笑话（当然是干净的）的地方。

84. 启动一个“我们关心”项目——制定一份表格，让教师可以告知管理部门，另一位教师正在经历困难时期，需要一个拥抱或其他形式的帮助。学校管理者们不可能知道学校里发生的每一件事。因此，有必要提供这种反馈机制。

85. 在教师休息室放一个“停止嘎嘎”的罐子——当一个工作人员被抓到嘎嘎叫的时候，他们必须在罐子里放一定数量的钱。这些钱会被用于鼓励和滋养积极正向的教师。

86. 举办一个“不谈教育”的教职工聚会——邀请教职工参加一个绝对不能讨论教育、学生和/或学校管理的聚会。任何讨论这些话题的人都必须在篮子里放1美元（或其他数额）。

87. 向每个人分发鸭叫哨——在教师会议上，当听到不合理的嘎嘎叫时，成员们可以吹响他们的鸭叫哨。

88. 在全年设立主题日——让教师们计划有趣和有创意的主题日，例如欢笑日、眨眼日、决议日和英雄日。

89. 安排“我们可以解决任何问题”日——在重大变化将要发生或新举措准备实施时，邀请教师参加聚会。给他们加油鼓劲，分发大棒棒糖，预祝他们的成功。

90. 开发金卡——与当地商店和企业合作，给教师金卡待遇，让他们购物时享受一定折扣。

91. 设立一个“去放风筝”奖——对于极度紧张的员工，奖励他们一只风筝并让他们去休息和玩耍。另一个有趣的想法是让每个教师去放风筝，而不是开会。

92. 建立一个“连连成功”计划——这个计划是为积极尝试新创新的

教师准备的，要鼓励尝试新实践。

93. 由学生和家长们配合学校为教师们计划一个重要的“感谢”日——举办一个有趣的宴会（有食物）。被人认可总能激励成功，特别是当这些认可来自学校、学生和家长时。

94. 准备百家菜午餐——组织几次百家菜活动。由团队或某些委员会全权负责，学校可以提供所有的饮料。

95. 在当地餐馆安排社交活动——计划一次聚餐活动，并鼓励教师参加。如果有些人没有到场，不要气馁——欢迎那些到场的人（不要浪费时间给石头施肥、给杂草浇水）。

96. 结束走访或调研后，在教师的信箱中留一些表示肯定的字条——当你看到一堂很好的课，一个让人欣赏的行为，或一个以学生为中心的课堂时，要让教师知道。记住——沟通永远不会过度。

97. 为每个教师定制名片——教育是一项事业，教师应该拥有自己的名片。这是开始新学年的好方法。

98. 鼓励在教室或学校的“名人墙”上展示教师的文凭、证书和获奖情况——教师是唯一不喜欢展示自己的证书、文凭和获奖情况的一群人。鼓励教师展示他们的成就，让学生和家长知道他们是值得尊重的。

99. 在每一次教职工会议上设置“致敬”环节——在每次会议开始时，花点时间让同事们对他们的优秀同行表示致敬。这样可以表现出教师的成熟和专业，可以减少相互批评、愤世嫉俗和嘎嘎的抱怨声。邀请管理者和董事会成员参加会议，并争取他们的支持。

100. 在周一的交流会上设置一个“本周大事”环节，让每个人都可以进行分享——由教师/团队组织，让每个人都知道每周学校里发生的大事。

分享，分享，不断分享。

101. 在意想不到的时间用意想不到的方式奖励教师——用有趣的创意表示认可，发挥创造力。在教师值得认可的时候，请一群人带着五彩纸屑、彩带、喇叭和零食跑进他的房间。

102. 出乎意料地送一杯咖啡/茶和点心到教师的房间，并附上一张“感谢”的便条——有时一杯咖啡/茶或一杯饮料就弥足珍贵。花时间滋养他人。

103. 设立一个“干杯”奖——送给教师一瓶她/他最喜欢的饮料，并附上一张纸条，说明她/他所做的令人钦佩的事情。（如果礼物是在学校送出的话，当然是不含酒精的。）

104. 允许教师参观其他学校，学习可行的实践——很多时候，一次参观要么能验证已经发生的成功，要么能激发创造性的灵感。经常组织安排参观。

105. 建立一个年度教师相册，在年终庆祝活动时共享——发给每个教师一个一次性相机，鼓励拍摄有趣和有创意的照片。把它们收集起来，在年底与大家一起分享。

106. 给一位教师代一段时间的课（有计划地或作为一个惊喜）——没有什么比管理者为教师代课更有意义了（最好的管理者永远不会忘记当老师的感受）。这是一项弥足珍贵的活动。

107. 每天去教室，真诚地表扬教职工和学生——要平易近人。

108. 在每个人的信箱里出人意料地放入糖果——比如巧克力，巧克力是最好的甜品之一。另外，惊喜总是令人愉快的。

109. 让教师参与面试和招聘新教师——一定要征求意见。这能够给教师以认可。

110. 让教师和/或团队组织和举办教职工会议——即使是最好的学校管理者也无法独自举办一场教职工会议。有效利用学校的资源。鼓励打破僵局，进行有趣的活动，当然，你还必须有食物。

111. 要有足够的委员会，但要建议每位工作人员每年只在一个委员会工作——不要有太多的委员会，否则会导致会议超负荷。每个人都只在一个有意义、富有成效、会议次数合理的委员会任职。有人曾经说过："罗马不是通过开会才建立起伟大帝国的，它的建立是通过实实在在地战胜了对手。"

112. 除非有紧急情况，否则要避免课堂中断——我们都知道，一天中不停的干扰会使学习中断。所以，要注意学校广播和其他因素的干扰。

113. 通过每周简报、每日更新、电子邮件、团队和交流网络进行交流——教师需要知道发生了什么。沟通型学校管理者每周开始都会开会与教师同步信息，包括日程、热点、最新消息、"精神食粮"和其他重要信息。工作人员也可以通过电子邮件、语音邮件或其他方式收到这些内容。

114. 为付出额外时间和努力的教师提供补休日和/或其他津贴——如果可能的话，补休日是加分项。当教师做得很出色时，他们应该得到补偿。

115. 给团队管理者和委员会主席提供补助——希望地区教育部门能认识到"喂养"教师的重要性，并尽可能提供支持。

116. 为每一位教职教师提供印有学校使命的个性化便笺簿——学校的使命、标志和校训必须随处可见。教师获得的任何额外福利都印有学校的使命，这是有必要的。

117. 设立一个"为孩子赴汤蹈火"奖，可以是一个长颈鹿徽章（别针、

毛绒玩具或证书），并附上一些好话——表彰任何真心为学生付出的工作人员。

118. 不定期分发“鼓励性祝贺”，以对教师表示感谢——教师和学生也可以自己制作，并将其分发给其他人。

119. 鼓励并与教师一起参加学术会议和研讨会——必须鼓励把握每一个成长和学习的机会。

120. 让员工参与制订员工发展规划——邀请员工参与培训规划。不要让员工只是为了参与而参与，要让员工的参与变得有意义。

121. 每个月让不同团队负责教师简报（要包括有趣的信息）——教师之间的交流是加分项。设立一个交流平台，这个平台上可以展示一些关于同事的趣事，然后让教师猜猜是在说谁。这样做的目的是团结、沟通和欢笑。

122. 制作一本年度教师手册，介绍教师，包括他们的信仰、工作经验、学位和任何有趣的事实——让家长和社会知道你的教师拥有多少年的教学经验，让他们知道教师的学历和毕业学校，让他们知道我们为拥有这样教师感到多么幸运。这一点很重要。

123. 创建一个网页，让家长、学生和社会可以随时了解我们的优秀教师和他们的成就——通过网站，教师可以真正地交流他们的目标、期望、任务和需求。为开发这样一个网页而自豪，并定期更新它。

124. 给一位教师颁发一个“你点亮了我们学生的生命”奖——任何能增加教室气氛的东西都可以送给教师，比如一个为他们的桌子或教室特制的灯。邀请当地商店捐赠这些灯具。

125. 与当地媒体建立积极的关系，在报纸和当地电视台上报道学校重要的活动——在这个行业中，我们必须为自己做好宣传工作。媒体很少会主动找我们征集好的消息，所以我们必须主动去找他们。让媒体成为你的朋友。

126. 鼓励商界领袖、学校董事会成员和家长在某天来看望教师——邀请、邀请、邀请。不断地发短信，打电话，鼓励其他人参观你的学校，观察正在进行的令人印象深刻的活动。

127. 给每个工作人员放一天生日假（如果他们的生日正好是周末或假期的话，就另外安排一天假），请一位学区领导、学校管理者或学校董事负责该教师当天的课程，信不信由你，这是可以做到的。这很值得一试。

128. 请学生或家长在每个教师过生日时给他们送一株植物和/或卡片——学生间如果有类似于生日俱乐部的组织，那刚好可以试一试。他们其实可以自己播种、养护植物和/或设计生日贺卡。他们喜欢为教师送上他们亲手准备的礼物，并祝贺他们生日快乐。

129. 组织一个教师手工艺品展，教师卖东西，所得的钱捐给“喂养基金”——一个展示教师亲自制作成品的手工艺品展，会令人印象深刻。这些手工艺品是由教师制作的，因此许多学生都愿意购买。

130. 安排一场午餐聚会活动，让优秀学生和教师一起吃午餐——通过聚餐来庆祝总是有效的。让餐厅成为一个令人愉快的地方，在那样的氛围中，学生会表现得有礼貌。

131. 颁发“加班”证书——为超时加班教师颁发证书，以表示感谢。上面写着：“我知道你一直在做什么，我很感激。”

132. 举办一个“压力倒过来拼写就是甜品”的派对——举办一场惊喜甜点派对。花点时间分享减压的技巧。

133. 举行“你是团队成员”的活动——向表现出团队精神的教师分发

足球头盔。鼓励她/他在这天戴上它，在全天内他们可以免费享受学校的各种零食。

134. 执行笔友计划——用一套漂亮的笔来奖励值得表扬的教师。

135. 鼓励校长、学区工作人员和学校董事会成员为教师送上积极的字条——教师会很感激能得到校外其他人的认可。

136. 庆祝发薪日——在每个人的信箱里放一块发薪日糖果。举办一次发薪日庆祝活动。

137. 发起“惊喜！你中奖了”活动——在会议和教师发展活动开始之前，在特定的椅子上粘上优惠券、礼券、钱，或者其他惊喜。到时候，鼓励所有人看看自己有没有中奖。

138. 日程安排要有限度——不要把教师的时间都用在没有意义的活动上，在策划具体活动时，也不要将日程安排得太满。

139. 为杰出的工作发放“奖金券”——奖励努力工作的教师。每月一次，他们可以用这个奖金券去竞拍当地企业或教师捐赠的物品。这些物品最好是有趣、好玩的。

140. 给勇于冒险者颁发“牡蛎奖”，奖励一打牡蛎——第一个吃牡蛎的人就是在冒险。用特别奖表彰先行者。

141. 团队（T.E.A.M.，齐心协力就会有更大成就）奖励——通过提供特别的午餐或举办特别活动来奖励团队和委员会的努力。为团队的努力鼓掌。

142. 安排超级教师聚会——安排适合所有人的活动，邀请教师带上家人，让它像家庭聚会一样。

143. 设计一个“学生翅膀下的风”奖——把这个奖颁给那些挺身而出、帮助有困难的学生的教师。

144. 组织全校范围的活动——最好每个人都能参与其中。全校性活动让大家有机会一起合作。

145. 举办一个“欢乐饮料”派对——在一个小组完成某项任务之后，举办一个饮料（当然是不含酒精的）和曲奇派对来表达感谢。给每个成员送一件印有校训和校徽的小礼物。

146. 确保每个教室里都有一个时钟——教室里有一个正常工作的时钟看起来微不足道，但却会产生很大的影响。

147. 给一个值得表扬的会员颁发一个“你点燃了火焰”的奖励——送给激励了困难学生的教师一支香薰蜡烛，并附上感谢便条，以奖励他们付出的时间和精力。

148. 设置“你帮助了我”奖——这个奖由学校管理者在开学第一周颁发。在学年的每一周，前一周的获胜者将这个奖转赠给另外一个人。获奖者和颁奖仪式每周一在教师公告栏上公布。

149. 为一周中的每一天计划一些特别的主题活动——在学生的帮助下，为“美好星期一”“极妙星期二”“绝妙星期三”“体贴星期四”和“精彩星期五”计划活动。

150. 设置一个“开发另外150种甜品（D.E.S.S.E.R.T.S）”日——鼓励教师开发和设计更多不同类型的滋养方式，并与大家一起分享。

我们工作时要相互关心、共同努力，这样伟大的事情才会发生。向教师传达“我们重视你和你的工作”很重要。只有我们所有人一起努力，才有可能为我们的学生提供最积极、最振奋人心、最安全的学习体验。因此，全体教职工有责任开展“喂养管理者”“喂养家长”“喂养学生”活动。记住，每个人都需要被喂养。最好的教师懂得回报，并会花时间感谢管理者、家长和学生。只有教师营养充足了，学校管理者、学生团体和整个社会才会营养充足。

总之，花点时间做甜品，细细品味每一口，在消化的同时，拥抱你所经历的美好感觉。最重要的是，要不断分享你的甜品——欢笑，爱，庆祝和玩乐。生命短暂，先来点甜品。

> 如果你意识到别人很少关注你，你就不会那么担心别人的想法了。
>
> ——埃莉诺 · 罗斯福

Chapter 8

第八章

请结账——书末总结和反思

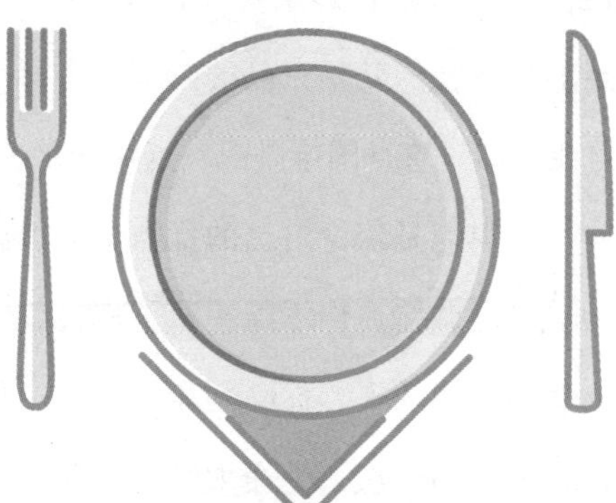

> 人生的目的，说到底，就是要好好生活——尝尽世间百态，热切地、毫无畏惧地去追求更新、更丰富的体验。
>
> ——埃莉诺 · 罗斯福

你的用餐感受如何？这对你来说是快餐还是美味的大餐？它是让你回味无穷还是消化不良？你还会再来吗？你愿意为这次体验付多少钱？无论你的想法是什么，请记住，这份食谱中分享的所有东西都有优秀的学校管理者在这个世界的某个地方实践着。我真希望能将所有人的名字说出来。

在回味我们的用餐体验时，我想用几颗餐后的“薄荷糖”（M. I. N. T，生存所需的巧妙点子）作为结束。恕我再三赘述，“薄荷糖”的很多内容都是之前说过的。最后，回顾一下对于个人成长和职业发展都至关重要的以下内容。这些“薄荷糖”很适合“餐后”享用。

1. 照顾好你自己。学校管理者必须要照顾好自己，要有健康的身体。优秀的学校管理者最容易忽视的就是自己的健康。在第一章中，我曾要求大家完成一项个人自我评估。感觉困难是吗？这可能是因为在这个行业里，我们习惯于谦逊，我们觉得老是谈论自己的优点会显得傲慢。但是，要照顾好自己，你就必须对自己诚实。你不能一辈子都说着你认为别人想听的话，做着你认为别人想让你做的事。你必须相信自己。我建议你回到自我评估环节，再诚实地自我评估一次。生命太短暂，我们不能忽视自己的思想、身体和精神。

2. 充分沟通。我是否充分地表达了沟通的必要性？我认为沟通是成功的第二重要因素，仅次于态度。列出你用来沟通的所有方式和方法。和教职工讨论一下，看看那种交流方式是否有效。沟通要有激情。

3. 友善。友善是一本无需查证、历史悠久的通行证。友善是成功的燃料。当你给予善意时，你也会收获善意。友善的教育家是有思想的教育家。友善就是愿意为他人付出时间。

4. 永远牢记所有的学生的利益。关爱学生的学校管理者从不让特殊利益集团影响他们的决定。他们渴望帮助每位学生获得成功和认可，并将此作为他们前进的动力。要了解你的学生，支持你的学生，欣赏你的学生。

5. 把改变看作一次冒险。改变是教育的代名词。任何不能应对变化的教育工作者都需要另谋职业。最重要的是，有时仅仅一次对话就能带来一次改变。优秀的学校管理者勇于改变，不安于现状。而且，正如前面多次提到的，他们不会浪费时间给石头施肥、给杂草浇水。他们热衷于改变现状。

6. 有令人信服的使命和愿景。每个人都必须有一个目标。无论是个人生活和工作，都要先花时间确定并坚持你的目标，然后通过努力创造属于你的未来。红十字会有一句强有力而令人信服的使命宣言“为最弱势的人服务”。在过去，如果哪一位管理者说自己有远见，他会被视为异类。今天，没有远见你就无法成功。一位从未出过车祸的赛车手曾经这样解释他为何如此成功：“我专注于赛道，从不分心管赛道两边的事。”

7. 确认重要性和价值。把别人当成是在你生命中的那一刻最重要的人。人们希望被欣赏、被认可和被重视。一些简单积极的举动可以给另一个人的一天带来巨大的不同。

8. 相信并依靠团队。优秀的学校管理者首先会计划、建立一支有创新精神的、支持性的、有热情的管理团队。他们定期开会、分担任务。他们关注的是学校团队，也关注年级团队。优秀的学校管理者会确保没有人落单或者被孤立。只有当学校各个层次都有团队，且每个人都参与其中时，团队精神才能真正实现。

9. 不要推卸责任。在教育领域，人们很容易因为缺乏技能、资源、资金和质量而相互指责。别嘎嘎叫了，想办法让你所拥有的一切为所有相关者服务。你不能抱怨你无法控制的事情。与其他学校合作，坚持进行学校间持续的对话。不断向总监和学区一级人员发出邀请，尽可能多地让学区工作人员参与进来，以让他们了解学校的最新情况。

10. 永远不要停止梦想、想象，和老鹰一起翱翔。没有梦想家，没有想象力，没有老鹰，我们就不会取得今天的成绩。有人说每天我们都会遇到未来的发明家、科学家和诺贝尔奖得主，只是我们不知道他们具体是谁，所以我们必须把每个人都当作对未来社会有贡献的人。发挥你的想象力，不要做无谓的烦恼；脚踏实地，工作中产生的梦想可以变成现实。

11. 授权。当谈到授权时，学校管理者需要记住："一旦你教一只大猩猩跳舞，你就必须准备好一直跳到它想停下来为止。"真正的授权是信任而不是命令。被授权的教师会变得充满活力、富有力量。只有最有安全感、最自信的学校管理者才敢授权。

12. 永远不要停止学习——向大雁学习。学校管理者既是读者又是学习者。在我们的世界里有太多重要的信息了。永远不要停止探索。从大雁身上，我们可以学到以下经验。

- 每只大雁在拍打翅膀时，都会为后面的大雁创造一个“举升力”。通过“V”字形飞行，整个雁群的飞行距离比每只雁单独飞行增加了71%。

经验教训：拥有共同方向和集体意识的人可以更快、更容易地到达他们要去的地方，因为他们是在彼此的推动下行进的。

- 当一只大雁掉队时，它会突然感觉到独自飞行的牵引力和阻力，并迅速回到队形中，利用前面大雁的举升力。

经验教训：如果我们像大雁一样理智，我们就会和那些与我们有共同目的地的人排成队形。

- 当领头雁疲劳时，它会调头回到队形中，另一只大雁到领头的位置飞行。

经验教训：轮流完成艰巨的任务，分享领队责任是有好处的，就像彼此依赖的大雁一样。

- 队形中的雁会从后面鸣叫，以鼓励前面的雁保持速度。

经验教训：我们需要确保从我们后面发出的声音是能够鼓舞人心的，而不是毫无帮助的（比如喋喋不休）。

• 当一只雁生病、受伤或被击落时，另外两只雁会退出队伍，跟随它下来帮忙提供保护。它们会一直和这只雁待在一起，直到它能够再次飞行或死去。然后它们会组成另一个队伍，或者追上原来的雁群。

经验教训：如果我们像大雁一样理智，我们就会像它们一样相互支持。

——佚名

13. 有深思熟虑、以人为本并为所有人理解的政策和程序。选择是一种动力。每当一项政策、规则或程序强加于他人时，人们也就失去了这种动力。每个人都必须了解决策背后的原因。理解了原因，人们就会尊重规则。正如亚历山大·卢西亚所说，“当你把别人当成成年人对待时，95%的人会表现得像成年人一样”。

14. 设定目标。目标是有最后期限的梦想。无论是长期还是短期的，它们都是通往成功的道路。花点时间设计和规划你的未来。

15. 发挥才能。每个人都有自己的闪光点。找到自己的闪光点并发现那些能帮助发挥才能的人。

16. 计划和提供有意义的培训和教师发展机会。哈维·S. 费尔斯通曾说过：“人的成长和发展是领导者的最高使命。”每个人都想让自己变得更好，掌握对未来有用的东西。成功的学校管理者知道，除非人们得到有意义的、实际的和有用的指导，否则他们是无法成长和改变的。

17. 以别人希望的方式对待他们。优秀的学校管理者了解他们的教师。

他们能找到教师的压力所在，并询问他们的需求。每个人都是不同的，优秀的学校管理者会尊重每个人的风格。

18. 选择拥有美好的一天和生活。善于“喂养”教师的学校管理者每天都在施展魔法，让他们的每一天都过得美好。他们对生活充满感激，对未来充满乐观。要选择这种生活方式，我们可以考虑以下狗狗的做法。

狗的19种细节

- 当爱的人回家时，总是跑过去迎接他们。
- 永远不错过兜风的机会。
- 让清新的空气和风吹在脸上，感受纯粹的快乐。
- 只要对自己有利，就会服从。
- 别人入侵了你的领地，就让他们知道。
- 小睡片刻，起床前做做伸展运动。
- 每天跑步、嬉戏和玩耍。
- 吸引别人的注意，让别人抚摸你。
- 如果一声简单的咆哮就能发挥作用时，就不咬人。
- 在温暖的日子里，停下来仰卧在草地上。
- 在炎热的日子里，多喝水，躺在阴凉的树下。
- 在高兴的时候，摆动你的整个身体。
- 不管被骂了多少次，都不会撅嘴，让自己陷入坏情绪……立刻恢复，重新交朋友。

- 享受散步的简单快乐。
- 吃得津津有味、热情十足。吃饱了就停下来。
- 忠诚。
- 永远不伪装自己。
- 如果想要的东西被埋在地下，那就一直挖，直到找到为止。
- 当有人心情不好的时候，安静地坐在他身边，轻轻地用鼻子蹭他。

——佚名

感谢我的好朋友吉姆·加文博士给我分享这段文字。

19. 爱提问，善于提问。问题是一切知识的源泉。严谨的提问就像一场寻宝游戏。你永远不知道你会发现什么。成功的学校管理者不仅要有足够的安全感去面对不同的问题，而且还要准备好回应具有挑战性的问题。正如史蒂芬·柯维建议的那样，时刻准备好“质疑问题”。还有，很抱歉，确实存在愚蠢的问题这种东西（例如，3点的教职工会议什么时候开始）。但还是要面带微笑地给出专业的回答。

20. 做一个精通技术的学校管理者。如果你不以身作则，就不要要求全校的教师都能成为21世纪的教师。最大让我感到挫败的就是这样的学校管理者，他们一边期望自己的教师是技术通，一边却说：“我还有多少年就退休了，不需要学那些东西。”技术不是一种时尚……它不会消失。

21. 帮助他人成为优秀的领导者。真正优秀的学校管理者会尽可能帮助他人成为优秀的领导者。他们会教别人先摘些矮处的果实来获得营养。团队和委员会需要优秀的领导者。不要害怕分享你的知识和技能。

22. 视父母为伙伴。尽一切可能让父母参与进来。不要为你为什么做不到找借口，去做就好了。

23. 记住这些让组织成功的“F”词。在最好的学校里，我们每天都能听到这些“F”词。将这些术语大声喊出来、实践、内化，成为你的习惯：

- 灵活（Flexibility）
- 自由（Freedom）
- 专注（Focus）
- 公平（Fairness）
- 先见之明（Foresightfulness）
- 家庭（Family）
- 反馈（Feedback）
- 前瞻性（Forward-Thinking）
- 面向未来（Future-Qriented）
- 乐趣（Fun）
- 食物（Food）（字面义和比喻义）

24. 创造并尝试新的食谱。努力过得舒适，努力追求成功，保持与人的交往。永远不要停止冒险和尝试。浏览一下菜单，选择适合你的风格的食谱。

25. 热爱生活，保持学习，尽情生活，经常欢笑。想一下一位空中飞人的成功经验：“把你的心放在平衡木上，你的身体也就会跟着在那里。”伟大的领导力也是如此。学校管理者决定着一所学校的成败。让自己成为一个不断进步的管理者，热爱生活、每天学习、尽情生活、经常欢笑。

最后的思考

贯穿整本书的共同主线是，管理是一项困难的工作，需要非常特殊的人来执行和实现所确定的行动。这就是为什么我目前不是管理者。我没有那些英雄的资质。在我们的世界上，总有这样优秀的人。你知道他们是谁吗？也在这本书中我提到过。

不幸的是，这里没有足够的时间和篇幅来列出他们的名字和贡献，他们具备本书所讨论的许多或全部特征。祝贺他们成就了这一最令人钦佩但也最困难的职业，并使之备受赞美。我们真心希望在你们生活中，也有这样每天“喂养”你们的人。

我想留给你们一首我写的诗，题目是《生命可贵，如同你一样》，你们可以经常拿来读一读。祝你们生活愉快。

生命可贵，如同你一样

你的生活是你自己创造的，基于你选择的态度。

你面对每一天的方式，决定了你是赢还是输。

要想获胜，你必须深思熟虑，爱自己的一切。

欣赏你的才华，为成为闪亮之星而努力。

吃得好，睡得香，锻炼身体，以梦想开始每一天。

通过设定目标、承担风险和学会关心来设定你的路线。

微笑，爱，拥抱，尊重他人。

不要批评、抱怨或发牢骚，要保持成长的步伐。

像“但愿”“应该”“不能”这样的词绝对不能从你的口中出现。

去争取金牌，去尝试吧，不留任何遗憾。

生命太短暂，不要浪费任何一天，也不要没有计划地生活。

所以，敢于思考和做梦，不要放弃，永远说“我可以！”

抱一抱，为精彩的生活和事业干杯！

要善良，好好照顾自己！

> 一年之计，莫如树谷；
>
> 十年之计，莫如树木；
>
> 终身之计，莫如树人。
>
> ——中国谚语

本书中使用的首字母缩略词

C.H.E.F.S.—Chief Heads Envisioning Future Successes（对未来成功富有预见性的主要负责人）

D.E.S.S.E.R.T.S.—Defining Experiences Structured to Support, Encourage, and Reward Teachers' Spirit（为支持、鼓励和奖励教师精神而构建的决定性经历）

D.U.C.K.S.—Dependent Upon Criticizing and Killing Success（致力于批评和扼杀成功的人）

E.A.G.L.E.S.—Educators Affecting Growth and Learning for Every Student（对每位学生的成长和学习起到积极作用的教育者）

F.E.D.—Fueled Every Day（每天被滋养）

H.A.B.D.F.—Having a Bad Day File（糟心一日档案）

H.A.P.P.Y.—Having a Pleasing Personality Year-round（一年到头都保持讨人喜欢的个性）

M.E.A.L.S.—Meaningful Experiences Affecting Long-term Success（有利于长期成功的有意义的经历）

M.I.N.T.S.—Masterful Ideas Needed to Survive（生存所需的巧妙点子）

R.E.C.I.P.E.S.—Recognizing Everyone Contributes in Providing Educational Successes（为了教育的成功，每个人都应该做出的贡献）

S.A.N.E.—Self-disciplined and Nurturing Enthusiasts（自律和滋养他人的热心者）

T.G.I.T.—Thank Goodness It's Today（谢天谢地是今天）

“常青藤”书系—中青文教师用书总目录

	书名	书号	定价
	特别推荐——从优秀到卓越系列		
★	从优秀教师到卓越教师：极具影响力的日常教学策略	9787515312378	33.80
★	从优秀教学到卓越教学：让学生专注学习的最实用教学指南	9787515324227	39.90
★	从优秀学校到卓越学校：他们的校长在哪些方面做得更好	9787515325637	33.80
★	卓越课堂管理（中国教育新闻网2015年度“影响教师的100本书”）	9787515331362	88.00
	名师新经典/教育名著		
	在芬兰中小学课堂观摩研修的365日	9787515363608	49.00
★	马文·柯林斯的教育之道：通往卓越教育的路径（《中国教育报》2019年度“教师喜爱的100本书”，中国教育新闻网“影响教师的100本书”。朱永新作序，李希贵力荐）	9787515355122	49.80
★	如何当好一名学校中层：快速提升中层能力、成就优秀学校的31个高效策略	9787515346519	49.00
★	像冠军一样教学：引领学生走向卓越的62个教学诀窍	9787515343488	49.00
	像冠军一样教学 2：引领教师掌握62个教学诀窍的实操手册与教学资源	9787515352022	68.00
★	如何成为高效能教师	9787515301747	89.00
★	给教师的101条建议（第三版）(《中国教育报》“最佳图书”奖)	9787515342665	33.00
★	改善学生课堂表现的50个方法（入选《中国教育报》“影响教师的100本书”）	9787500693536	33.00
	改善学生课堂表现的50个方法操作指南：小技巧获得大改变	9787515334783	29.00
★	优秀教师一定要知道的17件事	9787515342726	23.00
	美国中小学世界历史读本 / 世界地理读本 / 艺术史读本	9787515317397等	106.00
	美国语文读本1-6	9787515314624等	252.70
	和优秀教师一起读苏霍姆林斯基	9787500698401	27.00
	快速破解60个日常教学难题	9787515339320	39.90
★	美国最好的中学是怎样的——让孩子成为学习高手的乐园	9787515344713	28.00
	建立以学习共同体为导向的师生关系：让教育的复杂问题变得简单	9787515353449	33.80
	教师成长/专业素养		
	通过积极的师生关系提升学生成绩：给教师的行动清单	9787515356877	49.00
	卓越教师工具包：帮你顺利度过从教的前5年	9787515361345	49.00
★	可见的学习与深度学习：最大化学生的技能、意志力和兴奋感	9787515361116	45.00
	学生教给我的17件重要的事：带给你爱、勇气、坚持与创意的人生课堂	9787515361208	39.80
★	教师如何持续学习与精进	9787515361109	39.00
	从实习教师到优秀教师	9787515358673	39.90
	像领袖一样教学：改变学生命运，使学生变得更好（中国教育新闻网2015年度“影响教师的100本书”）	9787515355375	49.00
★	你的第一年：新教师如何生存和发展	9787515351599	33.80
	教师精力管理：让教师高效教学，学生自主学习	9787515349169	28.00
	如何使学生成为优秀的思考者和学习者：哈佛大学教育学院课堂思考解决方案	9787515348155	49.90
	反思性教学：一个已被证明能让教师做到更好的培训项目（30周年纪念版）	9787515347837	59.90
★	凭什么让学生服你：极具影响力的日常教育策略（中国教育新闻网2017年度“影响教师的100本书”）	9787515347554	28.00
	运用积极心理学提高学生成绩（中国教育新闻网2017年度“影响教师的100本书”）	9787515345680	39.80
	可见的学习与思维教学：成长型思维教学的54个教学资源：教学资源版	9787515354743	36.00

	书名	书号	定价
★	可见的学习与思维教学：让教学对学生可见，让学习对教师可见（中国教育报2017年度“教师最喜爱的100本书”）	9787515345000	39.90
	教学是一段旅程：成长为卓越教师你一定要知道的事	9787515344478	39.00
	安奈特·布鲁肖写给教师的101首诗	9787515340982	35.00
	万人迷老师养成宝典学习指南	9787515340784	28.00
	中小学教师职业道德培训手册：师德的定义、养成与评估	9787515340777	32.00
	成为顶尖教师的10项修炼（中国教育新闻网2015年度“影响教师的100本书”）	9787515334066	35.00
★	T. E. T. 教师效能训练：一个已被证明能让所有年龄学生做到最好的培训项目（30周年纪念版）（中国教育新闻网2015年度“影响教师的100本书”）	9787515332284	49.00
	教学需要打破常规：全世界最受欢迎的创意教学法（中国教育新闻网2015年度“影响教师的100本书”）	9787515331591	45.00
	给幼儿教师的100个创意：幼儿园班级设计与管理	9787515330310	39.90
	给小学教师的100个创意：发展思维能力	9787515327402	29.00
	给中学教师的100个创意： 如何激发学生的天赋和特长 / 杰出的教学 / 快速改善学生课堂表现	9787515330723等	87.90
	以学生为中心的翻转教学11法	9787515328386	29.00
	如何使教师保持职业激情	9787515305868	29.00
★	如何培训高效能教师：来自全美权威教师培训项目的建议	9787515324685	39.90
	良好教学效果的12试金石：每天都需要专注的事情清单	9787515326283	29.90
★	让每个学生主动参与学习的37个技巧	9787515320526	45.00
	给教师的40堂培训课：教师学习与发展的最佳实操手册	9787515352787	39.90
	提高学生学习效率的9种教学方法	9787515310954	27.80
★	优秀教师的课堂艺术：唤醒快乐积极的教学技能手册	9787515342719	26.00
★	万人迷老师养成宝典（第2版）（入选《中国教育报》“2010年影响教师的100本书”）	9787515342702	39.00
	高效能教师的9个习惯	9787500699316	26.00
	课堂教学/课堂管理		
	如何创建培养自主学习者的课堂管理系统	9787515365879	49.00
	如何提高课堂创意与参与度：每个教师都可以使用的178个教学工具	9787515365763	49.90
	如何激活学生思维：激励学生学习与思考的187个教学工具	9787515365770	49.90
	男孩不难教：男孩学业、态度、行为问题的新解决方案	9787515364827	49.00
★	高度参与的线上线下融合式教学设计：极具影响力的备课、上课、练习、评价项目教学法	9787515364438	49.00
★	跨学科项目式教学：通过“+1”教学法进行计划、管理和评估	9787515361086	49.00
	课堂上最重要的56件事	9787515360775	35.00
★	全脑教学与游戏教学法	9787515360690	39.00
★	深度教学：运用苏格拉底式提问法有效开展备课设计和课堂教学	9787515360591	49.90
★	一看就会的课堂设计：三个步骤快速构建完整的课堂管理体系	9787515360584	39.90
	如何有效激发学生学习兴趣	9787515360577	38.00
	如何解决课堂上最关键的9个问题	9787515360195	49.00
	多元智能教学法：挖掘每一个学生的最大潜能	9787515359885	39.90
★	探究式教学：让学生学会思考的四个步骤	9787515359496	39.00
	课堂提问的技术与艺术	9787515358925	49.00

书名	书号	定价
如何在课堂上实现卓越的教与学	9787515358321	49.00
基于学习风格的差异化教学	9787515358437	39.90
★ 如何在课堂上提问：好问题胜过好答案	9787515358253	39.00
★ 高度参与的课堂：提高学生专注力的沉浸式教学	9787515357522	39.90
让学习变得有趣	9787515357782	39.00
★ 如何利用学校网络进行项目式学习和个性化学习	9787515357591	39.90
基于问题导向的互动式、启发式与探究式课堂教学法	9787515356792	49.00
如何在课堂中使用讨论：引导学生讨论式学习的60种课堂活动	9787515357027	38.00
如何在课堂中使用差异化教学	9787515357010	39.90
★ 如何在课堂中培养成长型思维	9787515356754	39.90
每一位教师都是领导者：重新定义教学领导力	9787515356518	39.90
★ 教室里的1-2-3魔法教学：美国广泛使用的从学前到八年级的有效课堂纪律管理	9787515355986	39.90
如何在课堂中使用布卢姆教育目标分类法	9787515355658	39.00
如何在课堂上使用学习评估	9787515355597	39.00
7天建立行之有效的课堂管理系统：以学生为中心的分层式正面管教	9787515355269	29.90
积极课堂：如何更好地解决课堂纪律与学生的冲突	9787515354590	38.00
设计智慧课堂：培养学生一生受用的学习习惯与思维方式	9787515352770	39.00
追求学习结果的88个经典教学设计：轻松打造学生积极参与的互动课堂	9787515353524	39.00
从备课开始的100个课堂活动设计：创造积极课堂环境和学习乐趣的教师工具包	9787515353432	33.80
老师怎么教，学生才能记得住	9787515353067	48.00
多维互动式课堂管理：50个行之有效的方法助你事半功倍	9787515353395	39.80
智能课堂设计清单：帮助教师建立一套规范程序和做事方法	9787515352985	49.90
提升学生小组合作学习的56个策略：让学生变得专注、自信、会学习	9787515352954	29.90
快速处理学生行为问题的52个方法：让学生变得自律、专注、爱学习	9787515352428	39.00
王牌教学法：罗恩·克拉克学校的创意课堂	9787515352145	39.80
让学生快速融入课堂的88个趣味游戏：让上课变得新颖、紧凑、有成效	9787515351889	39.00
★ 如何调动与激励学生：唤醒每个内在学习者（李希贵校长推荐全校教师研读）	9787515350448	39.80
合作学习技能35课：培养学生的协作能力和未来竞争力	9787515340524	59.00
基于课程标准的STEM教学设计：有趣有料有效的STEM跨学科培养教学方案	9787515349879	68.00
如何设计教学细节：好课堂是设计出来的	9787515349152	39.00
15秒课堂管理法：让上课变得有料、有趣、有秩序	9787515348490	49.00
混合式教学：技术工具辅助教学实操手册	9787515347073	39.80
从备课开始的50个创意教学法	9787515346618	39.00
中学生实现成绩突破的40个引导方法	9787515345192	33.00
给小学教师的100个简单的科学实验创意	9787515342481	39.00
老师如何提问，学生才会思考	9787515341217	49.00
教师如何提高学生小组合作学习效率	9787515340340	39.00
卓越教师的200条教学策略	9787515340401	49.90
中小学生执行力训练手册：教出高效、专注、有自信的学生	9787515335384	49.90
从课堂开始的创客教育：培养每一位学生的创造能力	9787515342047	33.00
提高学生学习专注力的8个方法：打造深度学习课堂	9787515333557	35.00
改善学生学习态度的58个建议	9787515324067	36.00

	书名	书号	定价
★	全脑教学（中国教育新闻网2015年度“影响教师的100本书”）	9787515323169	38.00
★	全脑教学与成长型思维教学：提高学生学习力的92个课堂游戏	9787515349466	39.00
★	哈佛大学教育学院思维训练课：让学生学会思考的20个方法	9787515325101	59.90
	完美结束一堂课的35个好创意	9787515325163	28.00
	如何更好地教学：优秀教师一定要知道的事	9787515324609	36.00
	带着目的教与学	9787515323978	28.00
★	美国中小学生社会技能课程与活动（学前阶段/1-3年级/4-6年级/7-12年级）	9787515322537等	153.80
	彻底走出教学误区：开启轻松智能课堂管理的45个方法	9787515322285	28.00
	破解问题学生的行为密码：如何教好焦虑、逆反、孤僻、暴躁、早熟的学生	9787515322292	36.00
	13个教学难题解决手册	9787515320502	28.00
★	让学生爱上学习的165个课堂游戏	9787515319032	39.00
	美国学生游戏与素质训练手册：培养孩子合作、自尊、沟通、情商的103种教育游戏	9787515325156	49.00
	老师怎么说，学生才会听	9787515312057	39.00
	快乐教学：如何让学生积极与你互动（入选《中国教育报》“影响教师的100本书”）	9787500696087	29.00
★	老师怎么教，学生才会提问	9787515317410	29.00
★	快速改善课堂纪律的75个方法	9787515313665	28.00
★	教学可以很简单：高效能教师轻松教学7法	9787515314457	39.00
★	好老师可以避免的20个课堂错误（入选《中国教育报》“影响教师的100本图书”）	9787500688785	39.90
★	好老师应对课堂挑战的25个方法（《给教师的101条建议》作者新书）	9787500699378	25.00
★	好老师激励后进生的21个课堂技巧	9787515311838	39.80
★	开始和结束一堂课的50个好创意	9787515312071	29.80
	好老师因材施教的12个方法（美国著名教师伊莉莎白“好老师”三部曲）	9787500694847	22.00
★	如何打造高效能课堂	9787500680666	29.00
	合理有据的教师评价：课堂评估衡量学生进步	9787515330815	29.00
	班主任工作/德育		
★	北京四中8班的教育奇迹	9787515321608	36.00
★	师德教育培训手册	9787515326627	29.80
	中小学教师职业道德培训手册：师德的定义、养成与评估	9787515340777	32.00
★	好老师征服后进生的14堂课（美国著名教师伊莉莎白“好老师”三部曲）	9787500693819	39.90
	优秀班主任的50条建议：师德教育感动读本（《中国教育报》专题推荐）	9787515305752	23.00
	学校管理/校长领导力		
	如何培育卓越教师：给学校管理者的行动清单	9787515357034	39.00
★	学校管理最重要的48件事	9787515361055	39.80
	重新设计学习和教学空间：设计利于活动、游戏、学习、创造的学习环境	9787515360447	49.90
	重新设计一所好学校：简单、合理、多样化地解构和重塑现有学习空间和学校环境	9787515356129	49.00
	让樱花绽放英华	9787515355603	79.00
	学校管理者平衡时间和精力的21个方法	9787515349886	29.90
	校长引导中层和教师思考的50个问题	9787515349176	29.00
	如何定义、评估和改变学校文化	9787515340371	29.80
	优秀校长一定要做的18件事（入选《中国教育报》“2009年影响教师的100本书”）	9787515342733	39.90
	学科教学/教科研		
	人大附中整本书阅读取胜之道：让阅读与作文双赢	9787515364636	59.90

	书名	书号	定价
	北京四中语文课：千古文章	9787515360973	59.00
	北京四中语文课：亲近经典	9787515360980	59.00
	从备课开始的56个英语创意教学：快速从小白老师到名师高手	9787515359878	49.90
	美国学生写作技能训练	9787515355979	39.90
	《道德经》妙解、导读与分享（诵读版）	9787515351407	49.00
	京沪穗江浙名校名师联手教你：如何写好中考作文	9787515356570	49.90
	京沪穗江浙名校名师联手授课：如何写好高考作文	9787515356686	49.80
★	人大附中中考作文取胜之道	9787515345567	39.80
★	人大附中高考作文取胜之道	9787515320694	49.90
★	人大附中学生这样学语文：走近经典名著	9787515328959	33.80
	四界语文（入选《中国教育报》2017年度“教师喜爱的100本书”）	9787515348483	49.00
	让小学一年级孩子爱上阅读的40个方法	9787515307589	39.90
	让学生爱上数学的48个游戏	9787515326207	26.00
	轻松100 课教会孩子阅读英文	9787515338781	88.00
	情商教育/心理咨询		
	9节课，教你读懂孩子：妙解亲子教育、青春期教育、隔代教育难题	9787515351056	39.80
★	学生版盖洛普优势识别器（独一无二的优势测量工具）	9787515350387	169.00
	与孩子好好说话（获“美国国家育儿出版物（NAPPA）金奖”）	9787515350370	39.80
	中小学心理教师的10项修炼	9787515309347	36.00
★	别和青春期的孩子较劲（增订版）（入选《中国教育报》“2009年影响教师的100本书”）	9787515343075	28.00
★	100条让孩子胜出的社交规则	9787515327648	28.00
	守护孩子安全一定要知道的17个方法	9787515326405	32.00
	幼儿园/学前教育		
	中挪学前教育合作式学习：经验・对话・反思	9787515364858	79.00
	幼小衔接听读能力课	9787515364643	33.00
	用蒙台梭利教育法开启0~6岁男孩潜能	9787515361222	45.00
	德国幼儿的自我表达课：不是孩子爱闹情绪，是她/他想说却不会说！	9787515359458	59.00
	德国幼儿教育成功的秘密： 近距离体验德国学前教育理念与幼儿园日常活动安排	9787515359465	49.80
	美国儿童自然拼读启蒙课：至关重要的早期阅读训练系统	9787515351933	49.80
	幼儿园30个大主题活动精选：让工作更轻松的整合技巧	9787515339627	39.80
★	美国幼儿教育活动大百科：3-6岁儿童学习与发展指南用书 科学 / 艺术 / 健康与语言 / 社会	9787515324265等	600.00
	蒙台梭利早期教育法：3-6岁儿童发展指南（理论版）	9787515322544	29.80
	蒙台梭利儿童教育手册：3-6岁儿童发展指南（实践版）	9787515307664	33.00
★	自由地学习：华德福的幼儿园教育	9787515328300	29.90
	赞美你：奥巴马给女儿的信	9787515303222	19.90
	史上最接地气的幼儿书单	9787515329185	39.80
	教育主张/教育视野		
	如何在线教学：教师在智能教育新形态下的生存与发展	9787515365855	49.00
	正向养育：黑幼龙的慢养哲学	9787515365671	39.90
	颠覆教育的人：蒙台梭利传	9787515365572	59.90
	学习的科学：每位教师都应知道的77项教育研究成果	9787515364094	59.00

书名	书号	定价
真实性学习：如何设计体验式、情境式、主动式的学习课堂	9787515363769	49.00
哈佛前1%的秘密（俞敏洪、成甲、姚梅林、张梅玲推荐）	9787515363349	59.90
基于七个习惯的自我领导力教育设计：让学校育人更有道，让学生自育更有根	9787515362809	69.00
终身学习：让学生在未来拥有不可替代的决胜力	9787515360560	49.90
颠覆性思维：为什么我们的阅读方式很重要	9787515360393	39.90
如何教学生阅读与思考：每位教师都需要的阅读训练手册	9787515359472	39.00
“互联网+”时代，如何做一名成长型教师	9787515340302	29.90
教出阅读力	9787515352800	39.90
为学生赋能：当学生自己掌控学习时，会发生什么	9787515352848	33.00
如何用设计思维创意教学：风靡全球的创造力培养方法	9787515352367	39.80
如何发现孩子：实践蒙台梭利解放天性的趣味游戏	9787515325750	32.00
如何学习：用更短的时间达到更佳效果和更好成绩	9787515349084	49.00
教师和家长共同培养卓越学生的10个策略	9787515331355	27.00
★ 如何阅读：一个已被证实的低投入高回报的学习方法	9787515346847	39.00
★ 芬兰教育全球第一的秘密（钻石版）(《中国教育报》等主流媒体专题推荐）	9787515359922	59.00
世界最好的教育给父母和教师的45堂必修课（《芬兰教育全球第一的秘密》2）	9787515342696	28.00
★ 杰出青少年的7个习惯（精英版）	9787515342672	39.00
杰出青少年的7个习惯（成长版）	9787515335155	29.00
★ 杰出青少年的6个决定（领袖版）(全国优秀出版物奖）	9787515342658	49.90
★ 7个习惯教出优秀学生（第2版）(全球畅销书《高效能人士的七个习惯》教师版）	9787515342573	39.90
学习的科学：如何学习得更好更快（入选中国教育网2016年度“影响教师的100本书”）	9787515341767	39.80
杰出青少年构建内心世界的5个坐标（中国青少年成长公开课）	9787515314952	59.00
★ 跳出教育的盒子（第2版）(美国中小学教学经典畅销书）	9787515344676	35.00
夏烈教授给高中生的19场讲座	9787515318813	29.90
★ 学习之道：美国公认经典学习书	9787515342641	39.00
★ 翻转学习：如何更好地实践翻转课堂与慕课教学（中国教育新闻网2015年度“影响教师的100本书”）	9787515334837	32.00
★ 翻转课堂与慕课教学：一场正在到来的教育变革	9787515328232	26.00
翻转课堂与混合式教学：互联网+时代，教育变革的最佳解决方案	9787515349022	29.80
翻转课堂与深度学习：人工智能时代，以学生为中心的智慧教学	9787515351582	29.80
★ 奇迹学校：震撼美国教育界的教学传奇（中国教育新闻网2015年度“影响教师的100本书”）	9787515327044	36.00
★ 学校是一段旅程：华德福教师1-8年级教学手记	9787515327945	49.00
★ 高效能人士的七个习惯（30周年纪念版）(全球畅销书）	9787515360430	79.00

您可以通过如下途径购买：

1. 书　　店：各地新华书店、教育书店。
2. 网上书店：当当网（www.dangdang.com）、亚马逊中国网（www.amazon.cn）、天猫（zqwts.tmall.com）
京东网（www.360buy.com）。
3. 团　　购：各地教育部门、学校、教师培训机构、图书馆团购，可享受特别优惠。
购书热线：010-65511270 / 65516873